中国新聞「決別 金権政治」取材班

ばらまき

河井夫妻大規模買収事件 全記録

集英社

中国新聞「決別 金権政治」取材班

ばらまき

河井夫妻大規模買収事件 全記録

集英社

はじめに

「全面無罪を主張する元法務大臣」

２０２１年３月３日午後９時すぎ。東京都葛飾区小菅の東京拘置所前。

この日、保釈が認められた元法務大臣の河井克行（57歳／年齢は本文中の初出時点・以下同）が建物の表玄関から出てくると、待ち受ける報道陣のカメラから一斉にフラッシュがたかれた。

スーツ姿の克行は立ち止まり、マスクを外すと、約10秒間無言で深々と頭を下げた。その後、一言も発することなく迎えの黒いセダンに乗り込んだ。

克行は19年7月に行なわれた参院選広島選挙区を舞台にした大規模買収事件を主導したとして、20年6月18日に公職選挙法（公選法）違反容疑で妻で同じく国会議員の案里（47歳）とともに東京地検に逮捕され、東京拘置所に勾留されてきた。その間、約8カ月半。法務大臣は辞任したが、国会議員のバッジは外していない。依然として、衆院広島3区（広島市安佐北区、安佐南区、安芸高田市、山県郡安芸太田町、同郡北広島町）選出の衆院議員だった。

この事件では、克行は地元の地方議員や後援会員ら100人に計3千万円近くを渡したとされる。だが、東京地裁で続く公判では全面無罪を主張し、検察と真っ向から対立していた。そうした中、5回目の請求での保釈。保釈保証金は5千万円。克行側は現金で即日納付した。これだけの大金をポンと用意できるところに、一般人にはうかがいしれない政界の闇を感じさせた。克行を乗せた車は拘置所を後にして、港区赤坂の衆院議員宿舎に向かった。

河井夫妻が引き起こした大規模買収事件は、広島県を混乱の渦に巻き込んだ。ばらまかれたカネを受け取った100人のうち40人は、地方政治を担う自治体の首長や議員。その多くは自民党の所属だった。

被買収者の数の多さ、配ったカネの大きさに加え、国会議員の夫と参院選候補者の妻が自ら現金を配って回ったという前代未聞の買収事件。カネまみれの選挙の実態が次々に明らかになるたび、広島県に激震が走り、県民の政治不信は高まった。と同時に、時代錯誤の買収事件が起きた広島に全国から冷ややかな視線が注がれた。

選挙戦は、当時総理大臣の安倍晋三（64歳）や官房長官の菅義偉（70歳）、自民党幹事長の二階俊博（80歳）などが候補擁立から積極的に関わる、政権丸抱えの支援を受けたものだった。当然、事件に関する政権の関与も取り沙汰された。参院選後に国の法務行政を預かる法務大臣として克行を初入閣させた安倍の任命責任も問われた。

事件は広島県政界と安倍政権中枢にまたがるものとなった。

「政治とカネ」の取材は一筋縄ではいかない。だが、これだけの腐敗が明らかになった以上、地元紙の中国新聞としては後には引けない。うみを徹底的に出し切り、その根っこを断つ必要がある。

記者を総動員して取材に当たった。

自民党のガードは堅く、普段から信頼関係を築いていたはずの議員や秘書の口は重かった。取材拒否に遭うこともしばしばだった。買収資金の出どころを巡る取材は難航を極めた。早めに事件の幕引きを図ろうとする動きも随所に見られた。

新型コロナウイルスや頻発する自然災害がわれわれの生活を脅かす中、「政治とカネ」の問題を追い続ける自分たち。「他に取材するべき課題があるのではないか」との思いにとらわれたこともある。そのたびに、この事件を報じる大義は何かと考えた。

一つは、言うまでもなく、金権政治は絶対に容認すべきではないということだ。選挙で票を得るために有権者にカネを渡す買収行為は公選法で禁じられている。これを容認すれば、カネを多く持つ人たちが当選しやすくなり、民主主義の根幹である選挙はゆがむ。

だが、私たち取材班を突き動かした原動力はそれだけではなかった気がする。

政治家は社会のルールである法律をつくり、国民の税金の使い道を決めるという重責を担う。ところが、その根本となる「政治家を選ぶ選挙」で、法律が禁じている買収をしてでも当選しようとする候補者がいて、買収のカネをもらって応援する政治家も多数いた。しかも、買収疑惑が表面化しても、自らの責任を逃れ、立場を守ることばかりに汲々とし、有権者に正面から向き合おうとしない姿ばかりを見せられた。有権者からも「こうした光景が繰り返されることにうんざりしている」との声を数多く聞かされた。

　そういう政治とは決別したい。そのための一助になればという思いが、私たちを突き動かした。

　本書は、河井夫妻の事件を足がかりに、自民党の根深い金権体質と政界の時代遅れの慣習、それらを温存する法制度、そしてこうしたものすべてを含めて「政治とカネ」の問題に正面から向き合おうとしない政治家を追い続けた新聞記者の記録である。


（文中敬称略）

2021年3月3日。東京拘置所から保釈され、報道陣の前で頭を下げる克行

2019年参院選 広島選挙区をめぐる

参議院広島選挙区（改選は2議席）

自民党で同じ派閥
宏池会（岸田派）

ライバル視

自民党・分裂選挙

禅譲期待

広島県議から参院に初挑戦
自民党本部が支援

自称・安倍の側近

当選同期

当選後に二階派入り

目次

河井マネー「被買収」政治家40人リスト

河井夫妻の裁判において、買収資金を受け取ったと認定された
広島県内の政治家

肩書は2019年参院選当時。順不同

広島県議
児玉 浩
（こだま ひろし）

広島県議
奥原信也
（おくはら のぶや）

安芸太田町長
小坂真治
（こさか しんじ）

三原市長
天満祥典
（てんま よしのり）

広島県議
下原康充
（しもはら やすみつ）

広島県議
宮本新八
（みやもと しんぱち）

広島県議
砂原克規
（すなはら かつのり）

広島県議
岡崎哲夫
（おかざき てつお）

広島県議
窪田泰久
（くぼた やすひさ）

広島県議
佐藤一直
（さとう いっちょく）

広島県議
高山博州
（たかやま ひろくに）

広島県議
沖井 純
（おきい じゅん）

広島県議
渡辺典子
（わたなべ のりこ）

広島県議
平本英司
（ひらもと えいじ）

広島県議
平本 徹
（ひらもと とおる）

広島県議
山下智之
（やました さとし）

広島市議
八軒幹夫
（はちけん みきお）

広島市議
今田良治
（いまだ りょうじ）

広島市議
沖宗正明
（おきむね まさあき）

広島市議
藤田博之
（ふじた ひろゆき）

広島市議
海徳裕志
（かいとく ひろし）

広島市議
伊藤昭善
（いとう あきよし）

広島市議
三宅正明
（みやけ まさあき）

広島市議
豊島岩白
（とよしま がんぱく）

広島市議
石橋竜史
（いしばし りゅうじ）

広島市議
木山徳和
（きやま とくかず）

広島市議
児玉光禎
（こだま みつまさ）

広島市議
谷口 修
（たにぐち おさむ）

安芸高田市議
青原敏治
（あおはら としはる）

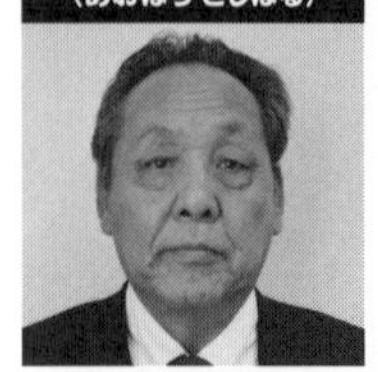

安芸高田市議
水戸真悟
（みと しんご）

安芸高田市議
先川和幸
（さきかわ かずゆき）

広島市議
木戸経康
（きど つねやす）

尾道市議
杉原孝一郎
（すぎはら こういちろう）

呉市議
土井正純
（どい まさずみ）

廿日市市議
藤田俊雄
（ふじた としお）

廿日市市議
仁井田和之
（にいた かずゆき）

北広島町議
宮本裕之
（みやもと ひろゆき）

安芸太田町議
矢立孝彦
（やたて たかひこ）

府中町議
繁政秀子
（しげまさ ひでこ）

江田島市議
胡子雅信
（えびす まさのぶ）

広島県選挙区地図

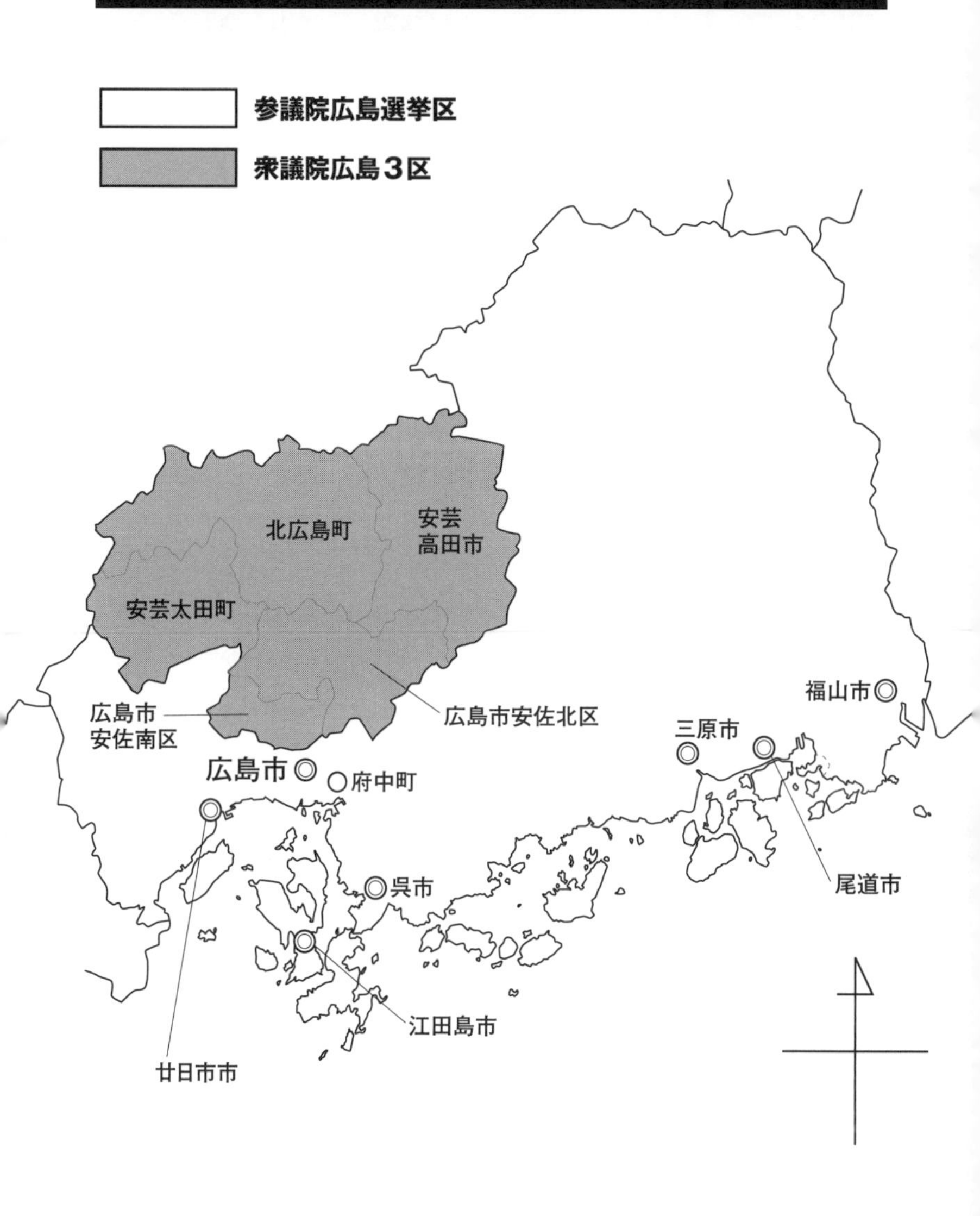

参議院広島選挙区
衆議院広島３区
北広島町
安芸
高田市
安芸太田町
広島市
安佐南区
広島市安佐北区
広島市
府中町
廿日市市
呉市
江田島市
三原市
福山市
尾道市

第1部

事件

第1章／異例ずくめの選挙

党本部肝いりの候補者

国会議員夫婦が逮捕、起訴され、しかも夫は法務大臣経験者であったという「前代未聞」の事件。舞台となったのは２０１９年７月の参院選広島選挙区だ。

とにかく異例ずくめの選挙だった。

広島選挙区は、3年ごとの参院選のたびに2議席が改選される。通常は、与野党が1議席ずつ分け合う無風の選挙区だ。19年7月の参院選に向けても、防災担当大臣や自民党参院議員会長を歴任し、6選を目指す自民党の溝手顕正（76歳・岸田派）と、再選を狙う国民民主党の森本真治（46

歳）の現職２人が立候補し、この２人が順当に当選を果たすだろうとの見方が多かった。

ところが19年２月、自民党が溝手に続き２人目の候補者擁立を進めていることが判明。候補者として名前が挙がったのが、自民党の広島県議で河井克行の妻、案里だった。

地元の党県連は元々、溝手を応援する構えで一致しており、２人目の候補者擁立に反対した。しかし党本部は翌３月、県連の反対を押し切る形で案里を公認候補に決定した。幹事長の二階俊博は記者会見で「候補の共倒れが怖くて擁立を怠るようでは（選挙で）勝てない」と述べた。

自民党が参院広島選挙区で２人の公認候補を立てるのは１９９８年以来、21年ぶりとなる。「２議席独占」が大義名分だった。党本部が２議席独占を掲げる背景には、それまでの参院選で自民党候補が野党候補の倍以上の票を得て圧勝してきた実績がある。

例えば２０１６年の参院選広島選挙区を見ると、２位で当選した元法務大臣の柳田稔（64歳・民進党）の得票数は26万４３５８票。一方で１位の元経済産業大臣の宮沢洋一（68歳・自民党）のそれは56万８２５２票。

計算上は、自民党の票を均等に二分すれば２人当選も可能になる。しかし、計算通りに票を分けるのは現実的には難しい。

党県連の意向を押し切ってまで党本部が案里を擁立する思惑として、当時総理大臣の安倍晋三と溝手の間にあった確執が指摘された。自民党が大敗した07年の参院選で、防災担当大臣として安倍内閣の一員だった溝手は安倍の責任に言及した。民主党政権時の12年には、溝手が記者会見で安倍のことを「もう過去の人だ」と評したことがあった。そうした経緯を念頭に、「安倍の意向を受けた党本部が、溝手を落とそうとしている」ともささやかれた。

頭越しに候補者選定を進める党本部に反旗を翻した党県連は溝手のみを応援する方針を崩さず、案里を支援しないことを確認した。その案里を党本部が後押しすることになり、自民党は分裂選挙になることが確定した。

紙爆弾

案里は自民党公認を得た1週間後の3月20日、広島県庁の記者クラブで記者会見に臨んだ。擁立の経緯については「安倍総理が私の論文をたまたまご覧になって、名前を出していただいた」と強調。何度も安倍の名前を出して、政権を後ろ盾にした自信を見せた。党県連が溝手のみを支援すると決めた点を問われると、「自民党のコップの中の話だ。自民党は大人の政党だ」と一蹴するも、県連への対抗心をのぞかせた。

候補者としての抱負についていては一気にまくし立てるように語った。

「今、日本は産業革命の真っただ中。人工知能の開発も本格化されていく。エリートと言われていた層は記憶力が大事で、記憶力に基づいて良いとされる学校にいく。それが学歴社会、学閥社会をつくってきた。でも人工知能で人間が記憶をする必要がなくなった時、記憶をする以上の価値が求められる。知の価値観というのがこれから変わっていくだろう」

「今の政治、社会構造、行政のあり方がすっかり技術に追い越されてしまっている。技術を使いこなす新しい社会構造、政治や行政の仕組みを一緒に考えていきたい」
たたみかけるように語る案里に、集まった記者たちもあっけにとられた様子だった。

中国新聞報道センター社会担当は、広島県政、広島県警、広島市政などの各チームからなる。国政選挙は県政チームが担当する。この案里の会見は、県政チームの中川雅晴（34歳）が取材した。中川は07年に入社。紙面編集を担う内勤の整理部や1人勤務の単独支局で支局長を経験した後、報道センターに戻ってきていた。4月に統一地方選、7月に参院選がある19年の選挙取材をにらみ、県政チームに配属されていた。のみ込みの早さとフットワークの良さがセールスポイント。人懐っこい性格で、場を和ませてくれるタイプでもある。

会見取材を終えた中川は「案里は意外にいい戦いをするかもしれない」と感じた。語った内容は理想論が多かったが、聞く人を魅了する力は十分備わっている。党県連との全面対決で厳しい選挙戦は必至だが、案里の言葉のセンスや発信力の強さは有権者の共感を得る最大の武器になるだろうと思った。

受けて立つ溝手陣営には、自民党政調会長の岸田文雄（61歳・衆院広島1区）や党県連会長の宮沢（参院広島）をはじめとする県選出の国会議員の多くが参加。県議会議長の中本隆志（60歳）ら地方議員も加わり、党県連の主流派が顔を揃えた。5月に広島市であった事務所開きでは、選対本部長の宮沢が「党本部による溝手さんいじめという印象を強く持っている」と発言。案里陣営をけん制した。

案里側も黙ってはいなかった。6月に同市であった案里の政治資金パーティーで、安倍に近い元官房長官の塩崎恭久（68歳）は「いじめられているのは河井さんだ」と反論。党内のきしみがあらわになった。会場では「案里さんは確固たる信念、立案能力を持った政治家。広島を愛し、日本のために全力を尽くす候補者」と持ち上げる安倍のビデオメッセージが流され、「政権肝いり」の候補者であることをアピールした。

広島市中心部に開設された案里の選挙事務所には、通りに面したガラスに安倍との二連ポスターが大量に貼られた。携帯電話に貼るシールや名刺といった案里をPRするグッズも大量に用意され、政治資金パーティーの案内状も山積みになっていた。

さらに5月から6月にかけて計3回、「地域の皆様へ」と題した郵便物が県内の全戸の郵便受けに一斉に投げ込まれた。差出人の名義は、案里の政党支部と後援会「あんり・未来ネットワーク」の連名。中に入っていたのは自民党の機関紙『自由民主』の号外だった。題字の左横に「河井あんり特集号」の文字が載り、案里が官房長官の菅義偉と握手をする写真と対談形式で政策を語る記事が大きく掲載されていた。

中川が住む広島市安佐南区の自宅にも届いていた。白い封書を妻に見せると、「あ、やっぱりうちにも来た」とけげんそうな表情を浮かべた。妻は実家の親族や知人から、同じ郵便物が届いたということを聞いていた。

郵便物は、広島県内の全約120万超の世帯に配られ、空き家にまで配布されていた。中川はこ

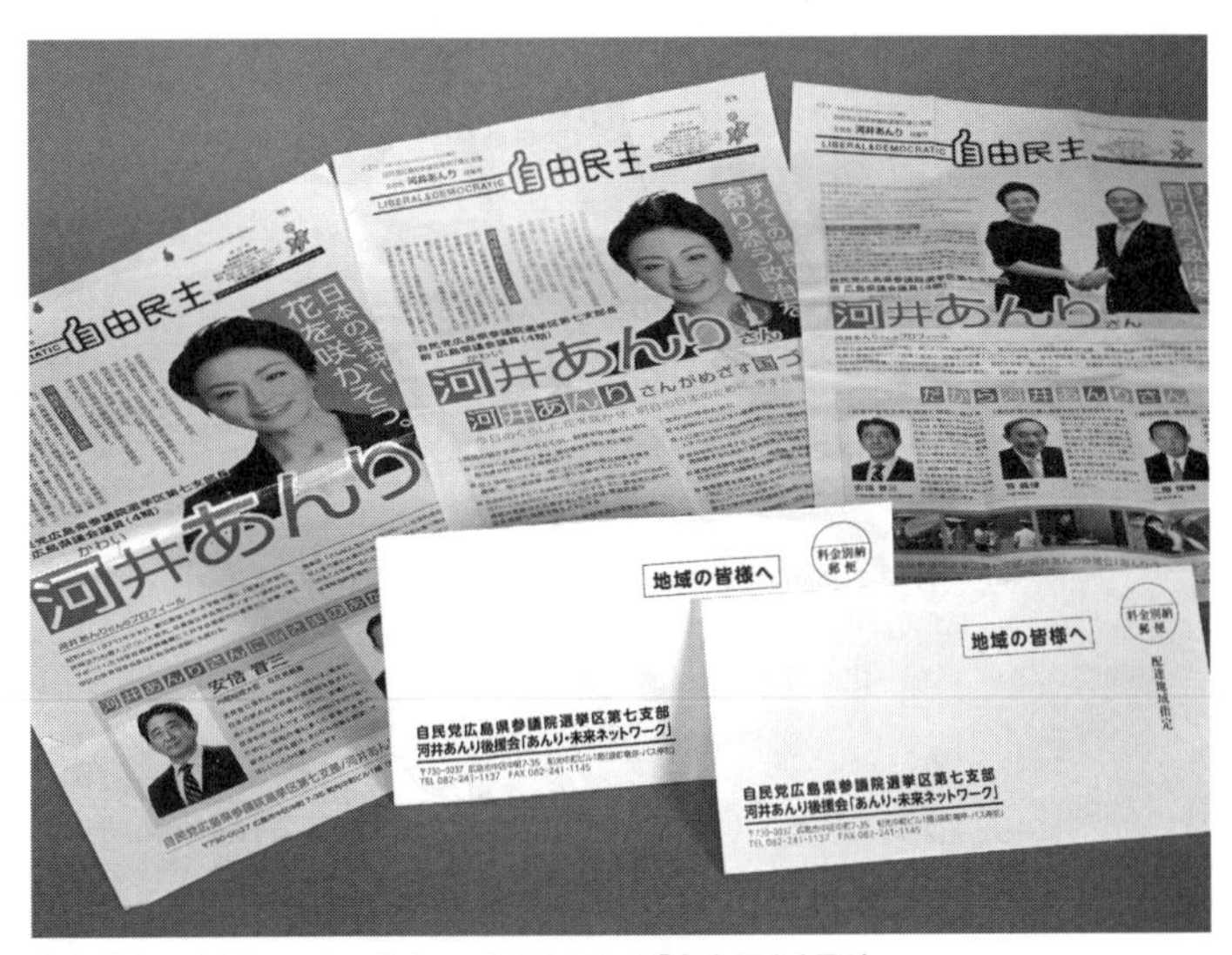

広島県内の全戸に、3度にわたって届けられた『自由民主』号外

うした手法が有権者の理解を得られる有効なツールになり得るのか、疑問に思った。同時に「自民党本部から相当カネが出ているに違いない」とにらんだ。

カネの関連では他にも気になることがあった。安倍の広島入りを翌日に控えた7月13日のことだ。午前10時頃、中国新聞報道センター社会担当に一本の電話がかかってきた。電話を取った記者は慌てて「河井事務所からです」と近くにいた県政チームの教蓮孝匡（きょうれんたかまさ）（43歳）に伝え、対応を託した。受話器を受け取った教蓮が「もしもし」と返事をすると、案里本人の声が聞こえてきた。

「立候補している河井です」

教蓮が「河井さんですか」と尋ねると、「1分間、聞いてください。迷惑ならすぐに切ってください」との音声が続いた。会話が成り立たないことから、教蓮は録音された音声だと気付いた。案里陣営は、無作為に選んだ広島県内の固定電話に自動音声のオートコールで電話をかけていた。だから、中国新聞報道センターにまで電話がかかってきたのだ。音声は案里の主張をとうとうと述べた後、「明日は安倍総裁が応援に来てくれるので、時間があれば来てください」と締めくくった。

1分後、教蓮は電話を切った。記者になって13年。国政選挙や地方選挙の取材をしてきたが、こんな経験は初めてだった。

「案里事務所はどこまでやる気なんだ。国政選挙とはいえ、こんなことまでするなんて聞いたことがない」

一方、いくら分裂選挙になったとしても、これまでの実績から「6選は堅い」との見方が圧倒的だった溝手陣営。案里陣営が「カネに糸目をつけない事前運動」を展開しているとの情報は、当初からつかんでいた。陣営の幹部は案里陣営の手法を「紙爆弾」と揶揄（やゆ）しつつも、警戒感を強めた。

6月22日、菅が初めて案里の応援に来た。菅は広島市中区の繁華街の交差点にとめた宣伝カーの上から応援演説をし、横で手を振る案里への支援を呼びかけた。この年の4月に新元号を発表し「令和おじさん」として存在感が高まる菅の来援で、現場は熱気に包まれた。その後、広島市内のホテルに企業や団体から500人以上（陣営は1200人と発表）が集まった。

溝手陣営は警戒度をさらに上げた。

大物が続々応援

7月4日に参院選が公示され、選挙戦に入ると、安倍や二階らの政権幹部が相次いで案里の応援に入った。自民党全体の支持票を増やすことではなく、身内であるはずの溝手陣営の支持票を奪うことで当選を果たそうとする案里陣営。一方で、溝手陣営は易々（やすやす）とは票を渡さない。分裂選挙は激しさを増した。

投開票日を5日後に控えた7月16日。菅が応援のため、再び広島入りをした。この日、広島市最大の商店街である本通（ほんどお）り商店街はピンクに染まっていた。案里と菅は「日本の未来に、花を咲かそう。」と書かれたピンクののぼりを持ったピンクのジャケット姿の陣営スタッフに囲まれ、商店街の真ん中を歩いた。

2人は買い物客を見つけると、記念撮影を提案する。即座にスタッフがのぼりとともに駆け寄る。これを受けて、買い物客らは戸惑った様子も見せながら、写真に納まっていた。陣営幹部は「SNSで発信してもらうためです」と明かした。

本通りを練り歩く途中、菅と案里はパンケーキの専門店に入った。パンケーキは菅の好物として知られる。報道陣は入店を許されず、現場取材をしていた中川は店の前でただ待った。

その時の様子を案里はツイッターに投稿した。

「【菅長官とパンケーキ】本日、つかの間の休憩で#菅官房長官とパンケーキを食べました。長官からはお茶目な一言も！ごちそうさまでした」

動画も公開され、案里が「こんなふわふわってあんまりないから、うれしい。おいしいです」と話すと、菅は「私もかなり貢献していますよ、パンケーキ業界に。テレビとかなんかでも、私、パンケーキになっちゃっていますから」と若干意味の取れない言葉とともに満面の笑みで語り、案里が爆笑していた。

菅は選挙運動の現場とネット空間の両面で、案里を強力に後押しした。

他方、溝手陣営では「有権者の反応が芳しくない」「案里陣営に票が流れているのではないか」との不安の声が漏れるようになる。

全国屈指の激戦区の転換点になったのが、選挙戦中盤の7月14日に広島市中心部であった街頭演説だ。広島入りした安倍がまず向かったのは、案里の街頭演説会場だった。宣伝カーの上には、溝手陣営の中核である岸田もいた。

周辺の道路を埋める有権者らに向かい、マイクを握った岸田は「河井案里をよろしくお願いします」と訴えた。安倍は案里への支持を呼びかけるとともに、池田勇人、宮沢喜一という広島県出身の元総理大臣の名前を挙げた後、「令和の時代はここにいる岸田さんだ」と強調。岸田が総理大臣候補だと持ち上げた。

安倍は続いて、同じく市中心部であった溝手の街頭演説会場へ岸田とともに転戦。ここでも応援演説のマイクを握った。

この日、案里と並んで宣伝カーの上に立った岸田の表情はさえず、苦渋の胸の内を感じさせるものだった。同時に、溝手だけを支援してきた県議や市議の気持ちを落胆させるには十分な出来事だった。溝手陣営にいた県議は岸田の演説後、「こっち（溝手陣営）の船長（岸田）がこれじゃあ、勝負にならん。もう腰砕けじゃ」と嘆いた。溝手を推す先頭に立ちつつ、案里応援のマイクを握るという二兎を追った岸田。溝手陣営にとって不安が増す1日となった。

県連内の反対の声にもかかわらず、党本部が進めた案里の擁立。この決定を、県連内の実力者である岸田や宮沢は「容認」した側面もあった。中でも党執行部に身を置き、「ポスト安倍」として次期総理大臣を狙っていた岸田の心中はどうだったのか。

参院選を取材していた県政チームの記者の間では、「『安倍が率いる党本部の決定に従った上で2議席独占を果たして、実績をつくる。それが、結果的に次期総裁選に向けた自身の足場固めにつな

2019年の参院選。安倍晋三とともに案里の応援演説をする岸田文雄

がる』という思惑が岸田にはあった」との意見が多数を占めた。

自民党内で激しい争いが続く中、野党側は「埋没しかねない」と危機感を募らせる。森本は野党勢力を結集するため、国民民主党の県連代表を退任し、無所属で立つことを決断。立憲民主、国民民主、社民の3党の推薦を得た。選挙戦では「自民党の議席独占阻止」を訴え、無党派層の取り込みに全力を挙げた。

投開票日の前日となる7月20日は、選挙運動ができる最終日。この日の最後の訴えを、業界では「マイク納め」と呼ぶ。案里はその場所として、出陣式と同じ広島市中心部の大通りの緑地帯を選んだ。

夜の闇が迫ってきた午後8時前。

「河井案里と溝手顕正先生が当選することが、私たちの勝利なんです」

約5分間に及んだ最後の訴えは力強く、最後まで自民党2議席確保を訴え続けた。

その後の報道陣の取材に案里は「やりきった」と汗を拭い、「皆さんに草の根で後援会をつくっていただいた」と感謝を述べた。その表情はすがすがしく、新人らしさにあふれていた。

自民党幹部への感謝も忘れなかった。

「私が国政の候補者として、信頼に足る人間かということが、安倍総理や菅官房長官などの自民党の先生方から応援をいただいたことで、一応のお墨付きを示していただいた」

最後まで官邸主導型の選挙を印象づけた。

当選

そして迎えた21日の投開票日。開票の結果、森本が32万9792票でトップ当選。案里は29万5871票を得て2位となり、初当選を果たした。当初、6選は堅いと見られていた溝手は27万1813票にとどまり、落選した。

案里の選挙事務所に当選確実の一報が入ると、案里は笑みを浮かべて支持者と握手を繰り返した。

「自民が2議席取ってこそ、初めて党県連の勝利。万歳は差し控える」

案里は溝手陣営への配慮も見せ、「広島県のために働く」と決意を語った。

一方、溝手の選挙事務所は静まり返っていた。溝手は「2人が立ち、足をすくわれた」と強調。無念さを隠さなかった。陣営からも「中央がトップダウンで押し通す姿勢は、あまりに傲慢」と政権中枢への不満の声が聞かれた。

党政調会長として党本部で開票を見守った岸田は、岸田派最高顧問の落選に「厳しい選挙だった。2議席確保の難しさを感じている」と表情を曇らせた。

当選翌日の7月22日の午前7時。青いTシャツ姿の案里が広島市中心部の交差点で通勤者に1時間、手を振っていた。取材に出向いた中川が「よく眠れましたか」と尋ねると、笑顔で返した。当選直後に安倍と電話で話したと明かし、「総理から一言、『よく頑張ったねー』と言われました。あはは」。当選のうれしさを隠しきれない様子だった。

溝手が落選し、自民党が2議席を独占できなかった点については、「特に無党派の方々というのは自民党の内輪もめに嫌気がさして、野党候補に流れた部分もあると思う。残念だと思います」「私にとっては（溝手側と）わだかまりはない」と説明した。

耳を疑う回答もあった。参院議員としてやりたいことを尋ねると「まず、国にしかできない仕事である国防、安全保障はしっかりとやっていきたい」との答えが返ってきた。

選挙戦では「日本の未来に、花を咲かそう。」「花咲け、ニッポン!!」というキャッチコピーを掲げ、災害対策や教育問題に熱弁をふるっていたのに、当選翌日にいきなり「国防」という言葉が飛び出した。確かに国防が重要なテーマであることは事実だが、選挙戦のキャッチコピーとの落差に中川は違和感を覚えた。

8月1日には参院選後初の臨時国会が召集され、案里が初登院した。真っ白いスーツ姿。「清潔な感じにできれば」との思いだった。快晴の空の下、国会議事堂の正面玄関前でカメラマンのフラッシュを浴びる。「常に勉強する政治家を目指す。外交・安全保障や経済のほか、地方議員の経験を生かして地方財政や過疎の問題にも取り組みたい」と意気込みを語った。

初登院に先立ち、案里の活動拠点となる参院議員会館の206号室でも報道陣の取材を受けた。中国新聞東京支社編集部の境信重（43歳）もその中にいた。境は、この日が本社から東京支社に異動した初日だった。

東京支社の編集部は部長以下7人の小所帯。政治・行政、原爆平和、経済、スポーツ、映像など各分野で経験を積んだ中堅記者が多く、それぞれが担当する中国地方関連のニュースを追う。政治は取材対象が多いため、複数の記者が各々の担当先を持つ。

経済取材が長い境は、東京支社でもマツダや中国電力といった中国地方の主要企業の取材に力を入れようと意気込んでいたが、東京での最初の取材対象は案里だった。

執務机の前に座り、涼しげな笑みを浮かべる案里。赤い花があしらわれた服を身に着け、選挙戦から掲げてきたキャッチフレーズ「花咲け、ニッポン!!」をさりげなくアピール。背後には支援者から届いたお祝いの白いコチョウランが並ぶ。支援者にお礼の電話をかける場面を撮らせる「絵撮り」のお膳立てが整っていた。報道陣からの質問に笑みを終始絶やさず、受け答えは滑らかだった。

秘書への暴行や失言に伴う閣僚の辞任など、自民党議員の不祥事が相次いでいた時期でもあった。身の処し方を問われると、「うふふ、皆さんもそうでしょうが、私も律していく」と余裕の表情を見せる。二階派に入会した理由を尋ねられると、二階の名前を挙げ「公認決定からお世話になっていましたし、選挙の心構えとか教えてくださって尊敬していまして。とにかく気を緩めるなと言われました」と語った。二階への感謝と尊敬の念がにじみ出ていた。この時の案里からは「政治とカネ」の問題とは無縁と思わせる清新さと初々しさが前面に出ていた。

克行の忙しい日々

19年の参院選で案里の戦いを裏で支えた夫の克行。その日々は忙しかった。

少しさかのぼるが、参院選が翌月に迫った19年6月1日朝。多忙な1日は東京から始まった。前の晩、総理大臣公邸での晩さん会に参加した克行は羽田空港からの早朝便に乗り込み、広島空港へ飛んだ。

空港に着くと広島市佐伯（さえき）区へ向かい、自民党のベテラン市議の事務所を1人で訪ねた。元議長の重鎮が待っていた。

「遅くなりましたが、当選祝いです」

濃紺のスーツ姿の克行はそう言うと、応対した市議に白い封筒を差し向けた。同年4月の市議選から、2カ月がたとうとしていた。

市議は封筒を受け取る一方で、こんな言葉を口にした。

「自民党県連は溝手さんで走りよるんじゃけ、支援できんよ」

案里への後押しを求める克行の意思を察し、突き放すことも忘れなかった。

市議の事務所を10分足らずで去った克行は、その足で隣区の西区選出のベテラン県議の事務所へ向かった。先ほど市議に渡したものの1・5倍の厚さの封筒を手渡す。さらに昼前には約50キロ離れた広島県安芸太田町であった神楽団の競演大会にも来賓として顔を出した。

午後も行脚は続く。移動中も地元回りの日程調整に余念がなかった。克行が事務所のスタッフと交わした無料通信アプリＬＩＮＥのメッセージ画面からは焦りがにじむ。

スタッフ「元県議との面会は難しいと思われます」

克行「えーっ、何とか」

スタッフ「移動時間だけでもかなりギリギリとなっております」

克行「うー」

午後から訪ねた市議は5人。自身の選挙区である衆院広島3区内だけでなく、3区外まで足を延ばし、午前中に市議に渡したものと同じ厚さの封筒を5人に配った。

克行はこの日だけで県議、市議計7人に封筒を配り歩いた。

6月8日夜。広島県福山市内の中国料理店の広い個室で、地元の元県議や会社社長たち4人が談笑していた。約1カ月後に始まる参院選の広島選挙区で、初当選を目指す案里の支援について話し合っていた。

初対面の人もいたが、会合は和やかに進んだ。名刺がなければ選挙区内を回るのに具合が悪かろうと、4人で後援会の役員の肩書を割り振った。事務所は会社社長が段取りをすることになった。

話し合いの終盤。克行が駆け付け、あいさつした。

「県東部は特に厳しい。力を貸してほしい」

人口約46万人で県内第2位の福山市や約9万人の三原市を含む広島県東部は、元三原市長の溝手が厚い地盤を持つ。一方、河井夫妻は県西部の広島市を拠点とする。「元々入り込む余地はなく、集会を開くことも難しかった」と福山市議。そうした中でこの地域にどう浸透していくのか。夫妻が頼ったのは、案里が県議時代に行動をともにしたこの元県議や会社社長たち4人だった。

あいさつを終えた克行は廊下を挟んだ別の個室に入り、1人ずつ呼び込んだ。そのうちの1人、元県議とは10分ほど話し、企業回りでつかんだ感触などを聞いた。部屋を出ようとする元県議に「家内をよろしく頼む」と6月1日に県議に渡したものと同じ厚さの封筒を渡した。

数日後、案里陣営は福山市内の県道交差点近くのビルに事務所を構えた。

「溝手先生（の事務所）より目立つ場所へ」

克行の指示だった。

「アウェー」だった福山市で、彼らが選挙戦への準備を進めた。公示前には総理大臣である安倍の秘書が応援に入り、福山市の企業を回った。公示後は菅や二階が駆け付けた。その結果、選挙本番において案里が福山市で得た票は、溝手の得票数を上回った。

同年春の統一地方選では、参院広島選挙区の区域である広島県内でも7つの議員選挙があった。多くの県議や市議は、河井夫妻がその前後の時期に「陣中見舞い」や「当選祝い」として封筒を持参してきたと証言する。

克行、法務大臣就任

「河井克行氏、初入閣へ。法務大臣に起用検討」――。

案里初登庁から1カ月あまり後の9月10日、東京支社の境は通信社の速報にくぎ付けになった。

「あの克行氏が。まさか」

内閣改造当日の11日、衆院議員会館にある克行の事務所に向かった。

克行は執務室で炭酸水を飲みながら、内閣改造を報じるＮＨＫの特別番組に目をやり、リラックスした表情で総理大臣官邸からの電話を待っていた。トレードマークにしているアライグマのぬいぐるみが目を引く。電話が鳴り、法務大臣内定が伝えられると「はい承知しました。ありがとうございます」と淡々と応じた。

すかさず、後援会の会員が集まる広島の事務所に電話をかけた。「声は聞こえていますか。あは は。総理の指示で官邸に向かいます。本当にありがとうございます」と喜びを抑えきれない様子で、頭を下げていた。

直後の報道陣の取材で、克行は記者団に次のように答えた。

――今の気持ちは。

「国の重責の一端を担わせていただく。大変緊張感を持ちながら与えられた職責をしっかりと果たし、ご期待に応える。長い間、平成８（１９９６）年の初当選から支援いただいた地元の皆さまの気持ちがあればこそ、これからしっかり頑張っていく」

——ご夫婦揃って国会議員ですね。

「妻ではあるが政治的には別人格。先の参院選で当選させていただいたことは、地元の有権者の皆さまに心から感謝している。その上で法務大臣という大変重要で国のさまざまな制度の根幹をなす、社会の正義を実現する重要な役割。身の引き締まる思いだ」

この時、境は克行の口から発せられた「社会の正義」という言葉がやけに印象に残った。自身の秘書や運転手への対応が厳しく、事務所では退職者が多いなど、パワハラとも思われる風評を聞いており、ギャップを感じたからだ。ただ、この時点では、法務行政のトップとなった克行が、つい2カ月前の参院選での所業で刑事責任を問われることになろうとは、夢想だにしていなかった。

閣僚になると、毎週火曜と金曜にある閣議後に記者会見がある。東京支社では中国地方選出の閣僚は取材対象としてフォローする。河井夫妻の担当となった境は、法務大臣となった克行の閣議後の記者会見に出席するようになる。

「日本にとって最大の同盟国の米国の司法長官とできるだけ早くお会いして、G7の司法関係閣僚会議の復活を含め、閣僚級で定期的に話し合う会議体をつくりたい」

克行は就任早々、メディアに向かってこう打ち出した。安倍の側近である自民党総裁外交特別補佐を務めた自負を前面に出し、さらに上を目指す意欲を色濃くにじませた。

法務省の重点課題として、克行は児童虐待の撲滅を挙げた。省内の能力や権限、人材、予算を総動員し、検討会議を発足させるよう指示した。

安倍政権の中枢で出世の階段を駆け上っていく克行。児童虐待撲滅を目指す検討会議の意義を肯定的に受け止めながらも、境の脳裏には冷めた思いがよぎっていた。

第2章／河井夫妻

頭は切れる。ただ、性格は悪い

大規模買収事件を起こし、永田町に波紋を広げた河井克行、案里夫妻。出世の階段を駆け上ってはいたものの、政界の大物とは言えず、全国的な知名度はない。地元広島でも、閣僚や自民党の要職を歴任した岸田文雄や宮沢洋一と比べると、政治家像はあまり知られていない。中国新聞に寄せた本人の発言や関係者の証言などから、その歩みをたどる。

克行は1963年3月11日、瀬戸内海に面した広島県三原市に生まれた。幼少期に広島市安佐南区に転居している。克行は薬局を営む両親の下、政治の世界とは無縁の家庭で育った。元秘書は「家族4人暮らし。何もないところから政治家を目指した」と振り返る。この安佐南区が後々、妻・案里とともに「政治家夫婦」の地盤になっていく。

県内随一の進学校、広島学院中・高を経て慶応義塾大学法学部政治学科に進学。専攻は東南アジアの国際政治。卒業後、政界への人材を輩出する松下政経塾へ進んだ。

中国新聞の紙面に登場したのは、23歳の時だった。入塾した動機をこう語っている。

「若者にはもっとチャレンジ精神があってもいい。広島に帰って地域のために役立ちたい」(86年7月12日付　中国新聞)

在塾期間のうち1年間は米国に留学し、オハイオ州のデイトン市行政管理予算局で国際行政研修生となった。帰国後、26歳の時には中国新聞の取材に米国での経験を踏まえ、政治への熱い思いを述べていた。当時、政界はリクルート事件に揺れ、政治不信が巻き起こっていた。

「日本人は政治家の腐敗を目にしても諦めを抱いてしまう。政治を動かすのは、私たち一人一人である」(89年4月17日付　中国新聞)

90年4月まで同塾で政治を学んだのち、91年4月7日投開票の広島県議選に最年少の28歳で自民党から立候補(広島市安佐南区選挙区・定数4)。若さを売りに真っ白な短パン姿で選挙カーと一緒に走って話題をさらい、2位で初当選を果たした。古い政治土壌に風穴を開けてほしいとの期待が寄せられた。

県議1期目の任期中だった93年、より大きな舞台を求めて中選挙区制の旧広島1区から衆院選に初挑戦。自民党県連の頭越しに党本部の公認を取り付けてのものだった。克行の選挙戦での第一声は、こんな「身内批判」から始まっている。

「自民党のスキャンダルにはうんざりしている。しかし、将来は二大政党による政権交代の時代になる。その一方は自民党だ。二世でも官僚でもない新しさが必要と考え、立候補を決意した」（93年7月5日付　中国新聞）

地盤（後援会組織）、看板（知名度）、かばん（カネ）の「三バン」を受け継ぐ世襲議員ではなく、官僚上がりでもない。そうした自らの経歴を自民党の新しい風として有権者に訴えた。だが、結果は落選。国政では、初陣での当選とはならなかった。

一方で、祖父、父とも衆院議員で、克行と同じ選挙区でもう1人の党公認の新人として立候補した岸田は初当選を果たしていた。

この落選体験は、克行の政治人生に暗い影を落とす。将来、岸田が率いることになる「宏池会」（現岸田派）が主流を占める党県連に対して、屈折した思いを持つようになっていく。また、党県連の頭越しに党本部が公認候補に決めたことで、克行と党県連との関係はぎくしゃくした。その後も、こうした関係は解消されなかったという。

克行の再挑戦の場となったのは、政治改革の名の下、小選挙区制で初めて実施された96年の衆院選。旧広島1区から分かれて設置された広島3区で立ち、初当選を果たした。自民党の当選同期に

上／1991年、広島県議選に立候補した克行
下／1996年、衆院選で初当選。国会に初登院した克行（右）

は後に総理大臣となる菅義偉がいた。初登院した克行は「33歳の若さをバネに、日本の将来に向けた大改革の先頭に立つのが目標。親しみやすく、さわやかで緊張感のある政治家になりたい」と抱負を語った。

しかし、2000年の衆院選では再び落選。無所属で立ち、後に自民党入りをする元大蔵官僚の増原義剛（ますはらよしたけ）（55歳）に敗れた。この浪人中に出会ったのが、科学技術振興事業団に勤めていた案里だった。同事業団の専務理事だった沖村憲樹（おきむらかずき）が紹介役だった。

沖村によると、職場の食堂で克行に案里を引き合わせた。その夜にカラオケで案里が『天城越え』を歌ったのを聴いて、克行は結婚を決めたという。こぶしを利かせて歌う案里の姿に「主人がメロメロになった」と案里本人が話のタネにしている。克行は「案里をひと目見て、オーラがあってしびれた」と話していたという。

翌01年4月に2人は結婚。克行38歳、案里27歳の春だった。

同月20日、広島市中区のホテルで開かれた披露宴には、元総理大臣の橋本龍太郎（はしもとりゅうたろう）をはじめとする国会議員、当時の県議会議長ら政財界の関係者が多く出席。参加者に配られた式次第には、夫妻からのお礼の言葉としてこんなメッセージが添えられている。

「私たち新郎・新婦の眼の前には、これから二人で力を合わせて取り組んで参る課題が数多くありますが、なにぶんにも未熟者でございますので、皆様のご指導を何卒心から宜しくお願い申し上げます」

この披露宴に出席した支援者の男性は、克行をこう評する。

「頭は切れるし、仕事もできる。ただ、性格は悪い」

ポスター貼りを手伝った際、少しずれただけでも克行から怒られたという。

昔からの克行を知る元秘書は、その性格を「0か10の人間」と評した。「上から目線で一方的。人を叱ってもけろっと忘れる。でも、人にはない能力も持っている。例えば、戦略を練ることや交渉力にたけている。相手を見る力がある」という。地盤も看板もない中、「賢さとガッツで成り上がった。だからお金にはシビア」と振り返る。

パワハラ気質

再起を期した03年の衆院選。広島3区に現職の増原と元職の克行がいる自民党は同根対決を避けるため、2人を衆院選ごとに小選挙区と比例代表で入れ替える「コスタリカ方式」を採用した。克行は比例代表中国ブロックの候補者となり、返り咲きを果たした。

「郵政選挙」と呼ばれた05年の衆院選では、克行が広島3区の候補になった。公示日の第一声では「争点ははっきりしている。改革か、停滞か。日本の平和と繁栄を考える候補を選ぶのか、既得権益を守ろうとする候補を選ぶのか。郵政民営化が最大の争点」と訴えた。

選挙は小泉純一郎(こいずみじゅんいちろう)が率いる自民党が圧勝し、克行も3選を果たした。

2005年の衆院選で当選。案里と並んで万歳をする克行

07年8月、第1次安倍改造内閣の法務副大臣に就任した。法務大臣は、関係が近い鳩山邦夫。克行は「治安の確立などのさまざまな政策課題の実現に全力を尽くす」と表情を引き締めた。

その後、総理大臣が1年ごとに代わり、自民党に逆風が吹き寄せた。そんな中、国会議員の世襲制限などを検討した09年5月の有志議員の勉強会で、克行は「世襲制限はやって当然、やらないと大変。自民党はこれくらいの自己変革もできないのかと疑われる」と危機感を前面に出して実現を訴えた。

その年の夏の衆院選で、自民党は惨敗して野党に転落した。広島県内の小選挙区も、自民党候補は1区の岸田を除いて全敗した。ただ、克行はコスタリカ方式の〝恩恵〟で比例代表中国ブロックの自民党名簿順位単独3位の候補だったため、4選を果たした。

この時、小選挙区の広島3区で落選した増原は、その後引退した。

克行と増原という2人の自民党議員が存在し、紆余曲折があった広島3区。克行にとっては、それまで積極的に応援してくれる地方議員や首長は少なく、地盤は不安定なままだったが、増原の引退が追い風となった。自民党が与党に返り咲いた12年の衆院選以降は、克行が広島3区の候補として当選を重ねた。

ただ、党県連内でのぎくしゃくした立場は引きずったままだった。党県連は、池田勇人、宮沢喜一の2人の総理大臣を出した派閥である宏池会の牙城。岸田をはじめ、元経済産業大臣の宮沢洋一や元総務副大臣の寺田稔ら県選出の国会議員も宏池会が多く、現在は岸田が会長を務める。案里と争って落選した溝手顕正は同派の最高顧問だった。

そんな中で、克行は当初は橋本派に所属。額賀（ぬかが）派となっていた11年に無派閥に転じた。当時の自民党は野党で、派閥の存在が問い直されていた。克行は超党派議員で作る「日本を根っこから変える保守の会」の事務局長を務めた。

克行と親しい自民党のベテラン議員は指摘する。

「彼（克行）は主要な政治家と親密になるのが上手だよ。松下政経塾で習ってきたんじゃないかな。側近になっていくのが彼のやり方だ」

生き馬の目を抜く永田町で、その時々の有力者を見極め、政界での地位を確立していく。いずれも故人だが、元総理大臣の橋本や、総務大臣や法務大臣を歴任した鳩山に近い関係を力にした。

元総理大臣の安倍晋三も、克行が側近ぶりをアピールする際によく名前を挙げた1人だ。第1次政権で「挫折」した安倍が再起を期し、民主党からの政権奪還を目指して立候補した12年の党総裁選では、克行は安倍の推薦人に名を連ねて再登板を支えた。同年12月の衆院選では取材に「派閥の推薦を受けない安倍総裁の就任で党は変わった」「いい人だとか悪い人だとかはどうでもいい。国家国民、地域のために結果を残した人が政治家として後世評価される」と話している。

15年には第2次安倍政権の総理大臣補佐官に起用された。17年8月からは党総裁外交特別補佐を任され、訪米などを繰り返した。前述したように、安倍を官房長官として支え続けた菅とは当選同期。党内の無派閥議員を中心に菅を囲む「向日葵会（ひまわりかい）」も結成するなど、近い関係を築いた。

ただ、地元での評判は芳しくない。

地元事務所に人が根付かず、「城代家老」となるべきベテラン秘書もいない。案里の参院選も、公認決定後にハローワークや求人サイトでスタッフを募集するなど、急ごしらえの陣営で臨まざるをえなかった。過去に克行の車上運動員を務めた女性は「克行さんは『早くせえ』『あっち行け』などと命令口調ばかり。もう二度と手伝わない」と証言する。

元秘書は「パワハラ気質で、私も運転中に『スピード出せ』と運転席を後ろから蹴られたことがある」と話す。別の元秘書は「とにかくお金がなかった」「人の気持ちがわからないタイプ」と明かす。

小選挙区制、付き合うしかなかった

一方、地域の祭りや運動会など選挙区内の行事にはこまめに顔を出し、その都度、自身のブログや会報で報告。14年に選挙区内が土砂災害に見舞われた際には、防災服姿で被災地を歩き、地域の要望を聞いて回った。被災した支援者からは「砂防ダムの要望もすぐに国へ伝えてくれた」「現場を視察し、目の前で国の担当者に電話してくれた」などと評価する声もある。

地元で不評の声が少なくなく、事務所の体制も盤石ではなかった克行。にもかかわらず、なぜ7回も当選を重ねることができたのか。

要因の一つには、選挙制度が一つの選挙区で複数の議員が当選する中選挙区制から、1人しか当選しない小選挙区制に変わったことが挙げられる。衆院広島3区は広島県北部の山間部の3市町と広島市北部の安佐北区、安佐南区をエリアとする。小さな市町にとっては、克行は地元選出の唯一の国会議員。しかも与党だ。国への予算要望ではどうしても克行を通すことになるため、市町の幹部は良好な関係維持に腐心せざるをえなかったという。ある地元町議は「他に自民党の国会議員がおらず、付き合うしかなかった」とこぼす。

それでもなお、なぜ克行が当選を重ねられるのか疑問に思う政界関係者は少なからずいた。

女の道は一本道

案里は1973年9月23日、宮崎県延岡市に生まれた。16歳の時にベルリンの壁崩壊のニュース映像を見たことが「政治家を志すきっかけだった」と折に触れて語っている。89年11月、東西ドイツ分断と冷戦の象徴だった壁に市民がよじ登り、つるはしで壊していく。案里は衝撃を受け、「世の中が激動の時代だった。政治に興味が湧いた」と後に中国新聞による取材で述べている。

慶応義塾大学総合政策学部への入学を機に上京。同大大学院修士課程を修了後、海洋研究開発機構を経て、2000年に科学技術振興事業団の職員となった。前述したように、この頃、衆院選に落選して浪人中だった克行と出会い、01年4月に2人は結婚した。

転機は2年後、29歳の時に訪れる。広島文化短大の非常勤講師だった案里は、03年4月の県議選に無所属で立候補する。選挙区は県議時代の克行と同じ広島市安佐南区。出陣式には克行も寄り添った。案里は「若い私にかけてみてください」と有権者に訴え、定数ギリギリの第4位で初当選を果たした。

当時、県議会に女性議員はいなかった。案里は初当選後の取材に次のように答えている。

「皆が自由に発言できる『しゃべり場』という語り合いの場を開催したい。若い人や主婦も政治家と接することができるといい。なんらかの企画や仕掛けで、政治を身近なものにしたい」

その後、県議会の議員応接室を開放し、県民の意見を聞く「おしゃべりプラザ」を始めた。

衆院議員の克行と県議の案里。克行の元秘書の目には、克行にとっての案里の存在はこう映ったという。

「妻というよりも、仕事上のパートナー」

多忙な政治家に代わって、選挙活動を妻が支えるケースはよくあるが、案里も存在感を放っていた。克行が6選を決めた14年の衆院選。克行が選挙事務所で案里と並び、一緒に万歳三唱をしていた時、カメラマンが「もう1枚！」とリクエストした。すると、案里が笑顔で「かわいく撮ってね」と即座に応じた。当の克行は傍らでニコニコと微笑んでいるだけ。どっちが主役かわからないような一幕もあった。

話はさかのぼるが、案里は県議2期目の09年10月、引退する広島県知事の後継を決める知事選に立ち、新人候補だった湯崎英彦（ゆざきひでひこ）（44歳）と争った。当時、案里は36歳。前知事との距離感を巡って割れていた自民党を離党し、無所属で挑んだ。記者会見ではその理由を熱く語っている。

「今の自民党は内輪もめをしている。政党の体（てい）をなしていない。離党することで広島県政の枠組みを変えていきたい。コップの中の争いに今日限り、自分の手で終止符を打つ。女の道は一本道。終止符を打つ」

決めの言葉は、08年のNHK大河ドラマ『篤姫』で有名になったセリフだった。

退屈より大失敗を選びなさい

この時、案里は中国新聞の取材に「好きな言葉」としてこんなフレーズを挙げている。

「退屈より大失敗を選びなさい」

尊敬するフランスのデザイナー、ココ・シャネルの言葉だという。趣味としてフランス語と並び、ファッションを挙げるほど入れ込んでいた。

しかし、知事選は湯﨑にダブルスコアで大敗した。皮肉にも、シャネルの格言を地で行く結果となった。

翌10年には、元金融担当大臣の亀井静香（かめいしずか）が代表を務める国民新党から、参院選広島選挙区への立候補を模索した。しかしその後、自民党に復党し、11年の県議選で県議に復帰。12年には大阪市長だった橋下徹（はしもととおる）が率いる「大阪維新の会」の政治塾に参加した。党派の枠を超えた動きに、自民党内の同僚議員からはたびたび批判の声が出た。

2人はどんな夫婦なのか。地元では「仮面夫婦」とささやかれる向きもあったが、中国新聞報道センター社会担当の加納亜弥（41歳）は、その表現に違和感を持っていた。それは、09年の知事選、10年の参院選以降、夫妻と関わった経験からだった。

案里が参院選での立候補を探った10年のこと。克行は加納を広島市内の居酒屋に誘った。2人きりの個室で生ビールを数口飲み、こう切り出した。

「あんた、案里の後釜で県議に立候補する気ない？」

加納は「私には向いていません」と笑って受け流した。冗談か本気かつかめなかったが、案里の「子分」を増やしたいという狙いは強く感じた。すると克行は面白くなくなったのか、いくつかの無駄話をした後、「あんた、これ飲んでよ」と、残った自分の生ビールを加納のジョッキに注ぎ足し、お開きとなった。

マスコミ好きな夫妻からは、自宅マンションにも何度か呼ばれた。克行は「案里からのプレゼント」とアライグマの刺繍があしらわれたセーターをうれしそうに着ていた。案里は隣で、かいがいしく手作りの餃子鍋をよそっていた。松下政経塾時代の思い出話を饒舌に語る克行に対し、案里はユーモアを交えていじる。その光景は、どこにでもいる仲むつまじいカップルに見えた。

ことあるごとに夫妻は電話やＬＩＮＥでやりとりし、話題は選挙情勢から晩ご飯の相談にまで至っていた。16年に克行が女性記者へのセクハラ疑惑で週刊文春の直撃を受けた際は、案里は親しい記者との飲み会でその記事をネタに克行をからかう余裕もちらつかせた。

「克行は許せんけど、案里なら応援しちゃる」

こう話す広島3区の有権者は少なくない。根強い「克行アレルギー」から、案里に離婚を勧める支援者が多いのも事実だ。

加納もかつて「離婚して、政治家として独り立ちする意思はないのか」と案里に問うたことがあった。その時は「何よー、離婚させたいの!?　ふふふ」と笑って終わった。後に知ることになるが、案里は事務所スタッフに「克行を代議士として尊敬しているから離婚はしない」と語っていたという。克行が案里の「子分」を増やしたかったのも、政治家として仲間であり、そして妻でもある彼女への思いがあってこそだったのだろう。この夫妻には、ともに積み重ねた選挙と政治信条を通して強い絆が培われているのかもしれない、と加納は思った。

15年から中国新聞報道センター社会担当の県政チームに所属し、国政選挙や広島県政の取材を続けていた樋口浩二（ひぐちこうじ）（38歳）も河井夫妻の素顔の一面を知る。

夫妻はともに「肉食」。焼肉をこよなく愛した。ストレス発散の場には焼肉店を使うことが多かった。それも、ちょっと高級な店だったという。

「何食べる？　やっぱ肉でしょ」

なじみの記者と会食する店を決める際、案里はよく言った。

夫妻と広島市内の焼肉店で会食した際、克行は本当に案里を好きなんだろうなと樋口は感じた。克行は焼肉を頬張りながら、「案里ちゃん、もう一個だけ頼んでいい？」と、だだっ子のようにねだっていた。

「もう。本当に仕方ないわねえ」

「いい加減にしときなさい」

エスカレートする克行の注文欲求をいったんは受け入れ、最終的にはたしなめる案里の姿に、樋口は母性を感じていた。

県議で収まる器ではない

09年の知事選で湯﨑に敗れた後、再び県議となった案里は、湯﨑の県政運営を一貫して批判。「反知事派・非主流派」とみなされ、県議会で発言するとやじが飛んだ。

そうした状況にも臆せず、議場で真っ向勝負を挑む姿勢と歯切れのいい物言いは、同僚県議や県職員からも注目を集めていた。中でも、17年2月の県議会代表質問でのやりとりは語り草となっている。

案里は、湯﨑が県政運営のポリシーとして提唱した「欲張りライフ」にかみついた。仕事と暮らしの両立を充実させる「欲張り」な県民を子育て施策や経済活動の後押しで支えるのが湯﨑の意図だったが、案里は「個人的充足感を得ることを政策の最重要課題とするのは、地方政府（自治体）として妥当ではない」とばっさり。「社会的な制度に直接作用する根源的で骨太な施策」こそ進めるべきだと主張した。

これに対し、湯﨑は色をなして反論。「私の政治信条は、人民の人民による人民のための政府」

と米大統領リンカーンの演説をなぞるかのような「想定外」（県幹部）の答弁も飛び出した。県議会で案里と距離を置く県議たちからも、「知事を本気にさせる論戦ができる希有な人材だ」と評価する声が上がった。「彼女は県議で収まる器ではない。良くも悪くも存在感があり、国会でも十分に論陣を張れる」と話すベテラン県議もいた。

そうした中で巡ってきた好機が、19年の参院選だった。案里によると、自民党幹事長の二階俊博から「のぼり一本で街頭に立ちなさい」と助言されたという。実際、案里は「草の根選挙」を掲げ、街頭演説を繰り返した。

参院選の公示を2カ月後に控えた19年5月の週末。候補者取材を続けていた樋口は「案里が広島市内で街頭演説を重ねている」との情報を取材先から得た。陣営スタッフに電話で確認し、広島市西区の住宅団地に行くと、Tシャツ姿の案里がマイクを手に「災害に強い街をつくる」と約5分間、1人で演説していた。聴衆はゼロ。案里はその後も無人の場所で点々とスポット演説を繰り返した。

その1週間後の夜。樋口は広島市中心部の喫茶店でその日の演説を終えた案里と向き合った。顎のラインがシャープになった印象を受けた。案里は力強く「自民党県連が応援してくれなくても、私は最後まで頑張るよ」と言い切った。参院選への強烈な覚悟を感じた。

案里は19年4月に県議を辞めるまでの長い間、県議会の中では「傍流」であり、少数会派で「冷や飯」を食ってきた。

「私の所に情報は来ないよ」

県議会棟にある案里の控室に行くと、よくこう言った。それでも、彼女の独特の見方や歯切れのいい県政批判には、興味をひかれる部分が少なくなかった。足繁く控室に通い、案里が理想とする政治家像を聞くうち、「根っから政治が好きな人だ」と感じた。

その点で、同じく「政治好き」の克行と確かにつながっていた。樋口は、案里から克行が旗を振る防災対策を聞くと同時に、克行からは案里の県議会での舌鋒鋭い姿をたたえる言葉をしばしば聞いた。夫妻の共通のよりどころは、まさに政治だった。

案里と同じく克行もまた、広島県政界での仲間は乏しかった。それだけに、案里の参院選への挑戦は、夫妻が置かれた県政界での劣勢を一変させ、国政という表舞台で夫妻が光を浴びる立場に躍り出る絶好の機会だった。

克行は当時、総理大臣だった安倍による案里へのサポートをなじみの記者たちに誇示した。

「官邸と自民党本部が、案里ちゃんを応援してくれているんだよ」

事実、19年3月に案里が党の公認候補に決定した後、克行が頻繁に総理大臣官邸で安倍と面会していた記録が残る。

同年6月、官房長官だった菅が広島入りした際も、克行は高揚した様子でそのことを樋口に語った。国政で夫妻の名をとどろかせる、またとないチャンスだと感じていることは容易に想像できた。

第3章／「文春砲」と反転へのスクープ

疑惑の車上運動員

「河井克行と案里を巡り、週刊文春の記者が昨日今日で10人ぐらい広島に入ってきている。選挙買収の疑惑を追っているらしい」

中国新聞報道センター社会担当の県政チーム、樋口浩二がそんな情報をつかんだのは、2019年10月28日の月曜日だった。参院選での案里の初当選から3カ月、克行の初入閣から1カ月半が経過していた。

樋口は中川雅晴と同じ07年入社の中堅記者。180センチを超える大柄で、一見すると威圧感があるが、物腰は柔らかで、上司からも同僚からも頼りにされる存在だ。プロ野球の広島東洋カープファンが圧倒的に多い社内で、福岡県出身ということもあり福岡ソフトバンクホークスを愛する。経済部や松江支局を経て、15年以降は県政チームに所属。19年の参院選では河井夫妻への取材を重ねていた。

樋口が得た情報によると、案里陣営が7月の参院選で車上運動員に法定以上の報酬を払った疑惑があり、週刊文春は関係者への取材を進め、最新号への記事掲載を目指しているという。

車上運動員は、立候補者の選挙カーに乗って選挙区内を回り、マイクで有権者に支持を訴える遊説隊の一員だ。なり手は司会業などの女性が多く、業界では「ウグイス嬢」とも呼ばれる。

公選法では、選挙運動に従事する者は原則として報酬を得てはいけないとしているが、例外的に車上運動員や事務員、手話通訳者には認めている。車上運動員への報酬の上限は1日1万5千円。超過すると買収行為とみなされる場合があり、法定刑は3年以下の懲役または禁錮か50万円以下の罰金と規定されている。

中国新聞報道センターの社会担当には、総勢約50人が所属する。東京・永田町を担当する東京支社を含めたチーム取材が必要と考えた樋口は、県政チームのキャップに連絡して他のチームにも情報を共有してもらい、取材に入った。だが、思うようには情報は集まらなかった。

週刊文春（19年11月7日号）は発売日前日の10月30日の水曜日、東京都内の一部書店に並んだ。「法務大臣夫婦のウグイス嬢『違法買収』」「偽領収書を…妻の参院選で事務所ぐるみ公選法違反疑

2019年の参院選。選挙カーに乗って手を振る案里

惑」の見出しが躍っていた。記事は「案里の陣営が、車上運動員たちに1日の報酬として法定上限の倍に当たる3万円を渡した」「選対を実質的に取り仕切っていたのは、他でもない克行氏」などと報じていた。

中国新聞は苦肉の策として、同誌の記事を引用する形で「一報」を翌31日付の朝刊に掲載した。

週刊文春の発売日当日である31日朝。事態は急展開を見せた。

克行は総理大臣官邸に行き、総理大臣の安倍晋三に辞表を提出した。法務大臣就任からわずか51日目での辞任だ。

その後、報道陣がいる官邸のエントランスに現れた克行は、同誌が報じた疑惑について「私も妻も全くあずかり知らない」と否定した上で「法務大臣として、法に対する国民の信頼を損ないかねない疑義が生じたことに責任を取る」と述べた。「今後しっかり調査し、説明責任を果たしたい」とも語った。案里は同日、「事実関係の把握に努めた上で、説明責任を果たしていきたい」とするコメントを発表した。

9月の内閣改造後、閣僚の辞任は公選法違反疑惑で10月25日に経済産業大臣を事実上更迭された菅原一秀(すがわらいっしゅう)に続き、この1週間で2人目だった。安倍は報道陣に「任命したのは私だ。こうした結果となり責任を痛感している。国民におわびする。厳しい批判は真摯に受け止めなければならない。より一層身を引き締め、行政の責任を果たす」と語った。

一方、河井夫妻の地元・広島。中国新聞報道センター社会担当の各記者は終日、週刊文春が報じた疑惑の情報収集に当たるとともに、克行辞任を巡る取材と記事の出稿にも追われた。記者が案里陣営の車上運動員だった女性たちの自宅などを訪ね、週刊文春が報じた違法報酬疑惑の真偽を聞き歩いた。だが、その通りに認める人はいなかった。

新聞社は大きなニュースの際には、全体像を伝える「本記」をはじめ、テーマを絞って掘り下げて執筆する「サイド」など、さまざまな角度から記事をまとめ、各面に掲載する。

克行辞任についても、中国新聞は翌11月1日付朝刊の5つの面にわたって関連記事を載せた。ただ、肝心の違法報酬疑惑については自社で裏付けを取れていなかった。そのため、本記では「週刊文春によると、案里氏の選挙事務所は7月の参院選で運動員13人に、報酬として法定上限の日額1万5千円を超す3万円を渡した疑惑があるという」と伝聞形式で書かざるをえなかった。それは全国紙も同様だった。

週刊文春の調査報道による、見事な特ダネだった。参院選を取材してきた県政チームの樋口は率直に「完敗だ」と思った。河井夫妻は頻繁に取材する関係だっただけに、余計に痛恨の思いは増した。

報道センター社会担当が、県政、県警、広島市政などの各チームに分かれていることは先に述べた。各チームにはリーダー役のキャップがいて、さらにその上司として原稿の最終関門となるデスクがいる。

その日の記事出稿を終えた深夜、各チームのデスク、キャップが集まり、今後の取材をどう進めるかを話し合った。車上運動員や河井夫妻の秘書らの口は堅く、電話に出ない人も多い。連絡先のわからない人もいる。翌日以降の紙面展開のアイデアを出し合ったが、妙案は出ず、重苦しい雰囲気に包まれた。「できることを各部署でやっていこう」と確認した程度で散会した。

県議64人を直撃

特ダネを出す場合は、その媒体は二の矢、三の矢を用意しておくのが常套手段だ。当然、週刊文春はその材料を持っていることが想定された。

一方で追いかける媒体は、材料ゼロからのスタートだ。苦労するのは目に見えている。しかし、大きなニュースの場合、続報を掲載しないわけにはいかない。

中国新聞では続報用の情報を得るため、多くの車上運動員の経験者に当たり続けた。そうした中で、選挙カーでの運動は午前8時から午後8時までの12時間が認められ、丸1日の勤務はハードなため、6時間勤務でシフトを組むのが一般的だとわかった。司会業などのプロにとっては1万5千円までと規定する法定上限自体が低過ぎ、労働実態に見合っていないとの指摘もあった。実際の選挙運動の現場では事実上、法定の上限が守られていないとの声も聞いた。上限額と相場の差額を埋めるため、事務員の肩書を付けて上乗せしたり、選挙とは別の費目で支出したりと、待遇を良くする工作もあるという。

こうした取材を基に「車上運動員の報酬の実態」をまとめる記事を続報として掲載した。

そんな中、県政関係者を取材していた樋口が、参院選の約3カ月前にあった広島県議選の際に、河井夫妻が自民党の県議に現金を配ったという話をつかんできた。週刊文春が翌週号で狙っているのはこのことじゃないか、という情報も出回っていた。

樋口は「これが事実なら、受け取った側も含めて選挙買収に問われかねない。河井夫妻だけではなく、広島県政界は大混乱に陥る」と直感した。自民党関係者へ取材すると「現金供与が仮に事実で、表沙汰になれば、県政界はぐちゃぐちゃになるよ」との複数の声が聞こえてくる。「これは本腰を入れ、スピーディーにやらなければならない案件だ」と腹をくくった。

夫妻との政治的関係から、現金を渡されそうな複数の県議に目星をつけた。そのうちの1人に県議会棟の控室で対面し、慎重に話を振る。

「……夫妻が参院選前にお金を持って来なかったですか」と問う。すると、気まずそうな表情を浮かべ、うなずいた。

「封筒に入っていたのですか」

県議はさらにうなずいた。

「金額は……」

片手の指で、ある数字を示した。

「10万の桁ですか」

うなずく。

……やはり、噂は本当だったのか。樋口は身震いした。

「現金だと思った。チラシなどとの違いはわかる」

そして、中身を見ずにその場で返したという。「趣旨は激励ということだったが……。『参院選ではよろしく』などの言葉はなかったが、そういう意図は感じた」とし、参院選での支援に期待した行為だったとみていた。

別の県議も県議会棟での取材後、電話で明かした。事務所を訪ねてきた河井夫妻側から「当選祝い」として白い封筒を受け取ったという。現金が入っており、金額は「数えてはいないが、50万円くらいだったと思う」と振り返る。参院選の話は出ず、その場で返したという。カネの目的については「領収書は求められず、政治資金として適法に処理する雰囲気ではなかった」と明言した。

さらに別の県議2人にも河井夫妻側がカネを持参していた。2人は後日、広島市内の克行の事務所を訪ねて返した。事務所で対応したのは克行ではなかったという。県議のうちの1人は「昔はよくあったこと」などとつぶやいた。

これは参院選に向けた夫妻側からの「裏金」ではないかとの思いが強まった。

河井夫妻の現金持参を語る県議たちは、極めて慎重に言葉を選んだ。提供の事実を尋ねた際、「(自分でも何が起きたのか)ようわからんのじゃ」と取材に苦悩の表情を浮かべてうろたえ、受領の有無をぼかす議員もいた。ただ、こうした動揺ぶりはかえって「明らかに受け取っているな」との直感を抱かせた。と同時に、こうした当惑は当事者たちが「表に出ればやばいことになる」と自覚している裏返しだと感じられた。

これを受けて中国新聞としては最優先で、全県議に現金授受の有無を確認することにした。県議は県内全域から64人が選出されている。県政チームと県内各地の支社総局の記者が各県議に接触し、河井夫妻側が現金を持って来たかどうかを聞いた。

「もちろんカネなんて受け取るわけがない」

「カネなんてもらっていない。もらうわけがない」

「一切ない。そんなことは」

取材に応じた県議は口々に否定した。

結局、案里らが現金を持参してきたと認めたのは、最初に取材に応じた4人だけだった。

この金銭授受は、法的にはどのように位置付けられるのか。

まず前提として、公選法は政治家や選挙の立候補予定者による選挙区内での寄付を禁じている。県議選は19年3月29日に告示、4月7日に投開票された。この時点で、案里はその3カ月後に行なわれる7月の参院選広島選挙区の自民党公認候補に決定していた。現金を持ってこられた県議は、いずれも広島選挙区内の選出だ。案里への選挙応援を依頼するための現金だったとすれば、公選法が禁じる買収罪や買収申し込み罪に当たる可能性がある。

一方で政治関連の法律としてもう一つ、政治資金規正法があり、同法は政治家が代表を務める政党支部や後援会などの政治団体を通じて資金を提供することを認めている。領収書を交わして、双方が政治資金収支報告書に記載することが条件になるが、もし案里らが県議に渡した現金に対してこうした処理をしていたとしたら、合法となる余地も考えられた。

この疑惑に対して、案里の事務所は「公選法に抵触することは一切していない」とコメントした。

中国新聞は河井陣営の一連の行為について、「違法性は否定できず、読者に知らせる価値はある」と考え、11月8日付の朝刊に掲載した。

この記事には、以下のような有識者のコメントも併せて掲載した。

日本大の岩井奉信教授（政治学）の話

「河井氏が現金を渡したのであれば、公選法違反（買収申し込み）の可能性がある。金を渡したのが選挙が始まる前であっても、買収とされた判例はある。買収の申し込みに当たるかどうかの判断は、河井氏が渡した金に『参院選での応援をよろしく』という意味があるかどうかが大きな争点となる。本人が渡す時にどんな発言をしたのかなどを解明する必要がある」

広島大大学院の茂木康俊准教授（行政学・政治学）の話

「公選法は、立候補予定者が選挙区内の人に寄付することを禁じている。河井氏が金を渡したとされる時期は参院選への立候補を表明した後のため、県全体で寄付行為が禁じられる立場にあったと思われる。河井氏は車上等運動員の買収疑惑も指摘されているが、いまだに記者会見も開いていない。国会議員として説明責任を果たす義務がある」

河井案里氏 県議に現金か

春の選挙中 公選法違反指摘も

広島

自民党の河井案里氏(46)＝参院広島＝が春の広島県議選（3月29日告示、4月7日投開票）の期間中に現金を持ってきたと、複数の自民党県議が証言した。7日までの中国新聞の取材に答えた。いずれも「当選祝い」「激励」などの名目で、その後に返したとしている。河井氏のこの行為は、公選法が禁じる買収の申し込みや寄付行為に当たるとの指摘がある。河井氏の事務所は「公選法に抵触することは一切していない」とコメントしている。

（樋口浩二、久保友美恵）

事務所「抵触してない」

河井氏は自民党県議だった3月中旬、7月の参院選広島選挙区で改選2議席の独占を目指す党本部の主導で、党で2人目の公認を得た。県議選の期間中は党県議の事務所を回るなどしており、この過程で一部に金を持参したことになる。今回の行為について、河井氏の説明責任が問われる。

県議の1人は選挙期間中、事務所を訪ねてきた河井氏から「当選祝い」として白い封筒を受け取ったという。現金が入っており、金額は「数えてはいないが、50万円くらいだったと思う」と振り返る。参院選の話は出ず、その場で返したと説明する。金の目的については「領収書は示されず、政治資金として適法に処理する雰囲気ではなかった」と明言した。

別の県議も選挙期間中、事務所で河井氏から封筒を示されたという。「激励ということだったが、現金だと思った。チラシなどとの違いは分かる」と、中身を見ずに返した。「『参院選ではよろしく』などの言葉はなかったが、そういう意図は感じた」とし、参院選での支援に期待した行為だったと見立てる。

さらに別の県議2人の元にはいったん河井氏側が金を持参した。2人は後日、広島市内の河井氏の事務所を訪れて返した。当事者や、当事者から直接話を聞いた県議が証言した。事務所で対応したのは河井氏ではなかったという。

専門家や県選管によると、選挙の立候補予定者や現職の政治家が個人として有権者に金を渡した場合、公選法が禁じる買収の申し込みや寄付行為に当たる可能性がある。政党支部や後援会などの政治団体を通じて候補者に贈る場合、政治資金規正法に基づき、領収書を得て収支報告書に記載する必要がある。

河井氏には参院選で、選挙事務所が車上運動員13人に公選法の上限を上回る日当3万円を払ったとする疑惑が浮上。河井氏は選挙事務所の運営や事務について「法令順守の方針の下、信頼できるスタッフにお願いしていた」とした上で「事実関係の把握に努め、説明責任を果たしたい」とコメントした。この疑惑が報じられたのを受けて、夫の克行氏（広島3区）は10月31日に法相を辞任した。

クリック

公選法が禁じる買収と寄付　公選法は、候補者を当選させる目的で有権者や運動者に金銭や物品を渡すことを「買収」として禁じている。候補者本人が違反した場合、4年以下の懲役もしくは禁錮または100万円以下の罰金と定める。選挙の候補者または立候補予定者が、選挙区の人や団体に寄付することも禁じている。

公選法が禁じる買収と寄付のイメージ

立候補予定者　有権者

当選するために有権者に現金を贈る → 買収

選挙区内の人に現金を贈る → 寄付

渡す時の発言 解明必要

日本大の岩井奉信教授（政治学）の話　河井氏が現金を渡したのであれば、公選法違反（買収申し込み）の可能性がある。金を渡したのが選挙が始まる前であっても、買収とされた判例はある。買収の申し込みに当たるかどうかの判断は、河井氏が渡した金に「参院選での応援をよろしく」という意味があるかどうかが大きな争点となる。本人が渡す時にどんな発言をしたのかなどを解明する必要がある。

寄付が禁じられる立場

広島大大学院の茂木康俊准教授（行政学・政治学）の話　公選法は、立候補予定者が選挙区内の人に寄付することを禁じている。河井氏が金を渡したとされる時期は参院選への立候補を表明した後のため、県全体で寄付行為が禁じられる立場にあったと思われる。河井氏は車上等運動員の買収疑惑も指摘されているが、いまだに記者会見も開いていない。国会議員として説明責任を果たす義務がある。

案里の疑惑を報じる『中国新聞』(2019年11月8日朝刊)

週刊文春が第2弾の記事として載せたのは、克行が乗った車のスピード違反疑惑だった。19年10月5日、自身の選挙区である広島市安佐北区や広島県北広島町のイベント会場を回る際に高速道路を走行中、運転する秘書に対して車の後部座席から指示し、制限速度を60キロ超える時速140キロで走行した。その車には警護官（ＳＰ）も同乗していた、というものだった。

結果的に、河井夫妻から県議への現金授受は中国新聞だけが報じ、特ダネとなった。

抜きつ抜かれつが常のマスコミ業界。他社に特ダネを書かれることはままある。だとしても、それにへこまず「抜かれたら、抜き返せ」が鉄則だ。県議への現金授受の記事は、中国新聞にとって「反転へのスクープ」となった。

取材の中心にいた樋口には「とんでもない問題にぶち当たってしまった」との思いもあった。どこまでこの問題が発展するのか。他社との報道合戦を想像すると不安も頭をよぎった。少しでも真相に近づく材料を集めようと、自らを奮い立たせた。

動きだす捜査

週刊文春が特報した車上運動員への違法報酬と、中国新聞が報じた県議への現金授受。案里が初当選した19年7月の参院選広島選挙区を巡って、二つの疑惑が浮上した。

広島県内外の市民団体や大学教授が、相次いで広島地検に告発状を提出した。取材の舞台は検察当局へと広がっていった。

参院選当時、県政チームの一員として案里陣営を担当した中川は参院選の翌月の19年8月から県警チームに移り、検察を担当していた。入社12年目で内勤の編集部門や支局勤務が長かった中川にとって、初めての検察担当だった。

中川は、1985年に群馬県の御巣鷹山で起きた日航機墜落事故を報じる地元紙記者の奮闘を描いた小説『クライマーズ・ハイ』（横山秀夫著、03年・文藝春秋刊）に触発されて、地元の中国新聞社に入った。とはいえ、ドラマ化されたこの作品で主人公を演じた俳優、佐藤浩市のようなこわもてで引っ張るタイプでは決してはなく、むしろその対極にある脇役タイプだ。

この小説では、警察や検察を取材する「事件記者」の活躍も描かれる。中川も事件記者として大きなヤマに向き合おうとしていた。モチベーションも上がっていた。と同時に、事件記者という新聞社の「顔」ともいえる仕事に小さくないプレッシャーも感じていた。

「警察官よりもさらに口が堅いと言われる検察官を相手にやっていけるだろうか」

事件の真相をつかむにはコツコツと回るしかない、と自分に言い聞かせた。

まずは地検が告発状を受理し、捜査に着手するかどうかが注目されていた。検察幹部に話を聞くチャンスは日中はあまりないため、各社の記者は出勤前の早朝や退庁後の深夜に接触を試みる「夜討ち朝駆け」を繰り返していた。

中川も連日、幹部の自宅前で夕方以降、帰宅を待ち続けた。季節は冬に入り、気温も0度近くまで下がった。雪も時折ちらつき、手足はかじかむ。寒さをしのごうと2万円近くするサッカー用のベンチコートを買い、着込んだ。飲みたくもないホットの缶コーヒーで手を温める。ふと、星空を眺めると、オリオン座が天に大きく見えた。

「もう8時間待ったんだな」

通る車が少なくなった深夜、思わずため息をつくことも多かった。

ある日の午前1時。タクシーに乗った検察幹部が赤ら顔で帰ってきた。

「捜査はまだですか。告発を受理するのでしょうか」

矢継ぎ早に質問しても、反応はつれない。

「告発があったかどうかも含めてノーコメント」

告発状を出した側はそれを報告する記者会見まで開いているのに、それさえも認めない。「なぜノーコメントなのか」と尋ねても、「ノーコメント」と返ってくる始末だった。箸にも棒にもかからないというのはこのことか。肩をがっくり落とす日々が続いた。

県警本部にある記者クラブに戻ると、一番奥にある中国新聞の席にだけ明かりがともっていた。チームのまとめ役であるキャップの門戸隆彦（44歳）は中川の帰りを待っていた。

「どうだった？」

そう尋ねる門戸に、「わかりませんでした」と答えるのがつらかった。

年の瀬を迎えた12月下旬。地検が車上運動員への聴取を始めたのではないかという情報を、県警チームがつかんだ。地検以外にもさまざまな関係者に当たる中で、聴取が始まっていることを確認し、28日付の朝刊1面に「河井（案）氏陣営疑惑を捜査　広島地検着手」との見出しで記事を出稿した。他社に先駆けた独自ダネだった。いい仕事納めになった、と中川は感じた。

年は明けて、2020年がスタートした。この先、捜査はどう展開するのか。検察幹部から情報を取るのが最も確実だが、何を質問しても「今言えることはない」などと答えるばかりで、記者泣かせの対応が続く。

門戸は地検が陣営関係者の任意聴取を続けるのと並行して、河井夫妻の家宅捜索に踏み切る可能性も視野に入れ、広島市内にある夫妻の自宅マンションを交代で警戒するよう各記者に指示した。事件発覚以降、国会に出席せず、雲隠れを続ける克行と案里がこっそり帰宅してくるのに備える狙いもあった。

門戸が警戒していた通り、地検は1月15日、河井夫妻の事務所や自宅の家宅捜索に入った。容疑は、車上運動員に違法報酬を渡したとされる公選法違反（買収）だった。秘書や陣営スタッフの自宅も含めて、少なくとも8カ所を捜索。資料やパソコンなどを押収した。

「河井夫妻が記者会見をする」

そんな情報をキャッチしたのは、この日の午後9時半頃だった。記者会見の開始時刻は、克行が午後10時に東京・赤坂の衆院議員宿舎、案里が午後10時半に東京・麴町の参院議員宿舎だった。中国新聞東京支社編集部の河野揚（こうのよう）（37歳）は、タクシーをつかまえて克行の会見がある衆院議員宿舎へ急いだ。

　到着したのは午後10時10分過ぎ。衆院議員宿舎のプレスルームには、数十人の記者やカメラマンが集まり、すでに克行が立ったまま質疑応答に応じていた。

　週刊誌の報道を受けて19年10月末に法務大臣を辞任してから、克行が公の場に姿を見せたのはこれが初めて。スーツ姿で髪を短く整えていた。表情に申し訳なさそうな様子は感じられず、記者の質問にやや不機嫌そうに答えているように見えた。

「公選法違反の事実関係は？」

「潔白なのか？」

「説明責任は？」

　克行を取り囲む記者からは、車上運動員の違法報酬疑惑に関する質問が矢継ぎ早に続いた。しかし克行は「刑事告発をされており、捜査に支障をきたす」「お答えを控える」などと繰り返すばかりで、記者の質問に正面から答えなかった。記者会見は約30分間に及んだが、疑惑に関する具体的な説明はなかった。

　ただ、議員辞職の意向があるかどうかの問いには、「国会議員としての責務をしっかり果たす」と言い切り、辞職を否定した。最後に「大変申し訳ございませんでした」と約10秒間頭を下げ、これで説明責任を果たしたと言わんばかりに堂々とプレスルームを退室した。

　一方、案里の記者会見は午後10時半から約20分間続いた。案里は記者の質問に対して、時折涙声になって答えを返した。克行と同様、違法報酬疑惑については「私的に調査、事務所としても調査をした。告発がなされたために、現在その調査の状況については、お答えすることは差し控えたい。誠に申し訳ない」などと繰り返した。議員辞職の意向に関する質問には「今はそのような考えはない」と明言。説明責任を果たさないまま議員を続ける理由を問われると、「日本を変えたいからです」と述べた。

同じ頃、広島市中区にある中国新聞の本社では、ほぼできあがりつつあった朝刊を大幅に組み直す作業に追われていた。

「なんでこの時間帯にするのか。もっと早く出てきて説明すればいいじゃないか」

デスク陣からは、深夜になって突然記者会見をした河井夫妻の対応をいぶかる声が相次いだ。夫妻の記者会見の記事を出稿し、紙面を編集していく作業が遅くまで続いた。

空振りの日々

検察が家宅捜索に踏み切ったことで、刑事事件として立件される公算が大きくなってきた。元法務大臣の衆院議員と参院議員の夫妻が絡む事件だけに、検察組織トップの最高検に捜査情報が上がる。全国紙は当然、東京でも情報収集をする。この点で、東京に検察取材で足場のない中国新聞にとっては不利な状況にあった。

家宅捜索から4日後の1月19日。朝日新聞が朝刊1面トップで「案里氏秘書　違法性認める」「地検聴取に　報酬　法定の倍額」「運動員13人も違法性を認識」と報じた。

案里の秘書が違法性を認めるということは、連座制の適用で案里の失職につながる可能性が高まることを意味していた。連座制とは、候補者と一定の関係にある人が買収などの悪質な選挙違反をした場合に、候補者の当選が無効となり、一定期間の公民権停止処分を受ける制度のことだ。

朝日新聞の特ダネだった。

この日は日曜日。県警チームキャップの門戸は早朝、すぐさまチームの各記者にメールで情報を集めるよう指示した。

「朝日に出ています。早めに追うしかありません」

文面に焦りがにじんでいた。

「やられた」

メールを見た中川は頭を殴られたような思いでいた。休日を返上し、検察幹部の自宅に車を走らせた。幹部の自宅近くに到着すると、他社の記者も次々に駆け付けてきた。だが、その間にも全国紙や通信社は続々と朝日新聞の特ダネを後追いする記事をインターネットで配信していた。

「東京から情報が出ているのかな」

中川はそんな思いも抱いた。

「言えることはない」

「休日は対応しない」

中川を含めた記者は、自宅から出てくる何人かの検察幹部に当たったが、空振りが続いた。各社が諦めて帰る中、数社とともに夕方まで待機を続けた。買い物に出かけたある幹部には、帰宅時に車から降りた際に再び直撃。だが、「休日は対応しないと言っているだろう」と拒否された。その後も待ち続けていると、赤色灯を回転させたパトカーが近づいてきて職務質問を受けてしまった。

「もう無理かもしれません」

電話口で門戸に思わず弱音を吐くと、「諦めるのか」との言葉が返ってきた。だが、どうすればいいのか……。打つ手がないまま時間だけが過ぎ、日が傾いていった。結局、原稿は1行たりとも書けなかった。

朝日新聞に特ダネを抜かれた上に、それを後追いする記事も出せない状況に、記事を待っていた報道センター社会担当のデスク、荒木紀貴（あらきのりたか）（46歳）は危機感を強めていた。「このままではこの先、全国紙にやられ放題になる。対策を考えよう」とキャップの門戸に提案し、その日の夜に急きょミーティングを開いた。

県警本部にある記者クラブに集まったのは、荒木、門戸、中川、サブキャップの山崎雄一（やまさきゆういち）（38歳）の4人。まずは、捜査情報に接するとみられる検察幹部たちの名前を1人ずつ紙に書き、どうすれば情報をつかめるかを話し合った。これ以外にもできることは片っ端からやっていくことを確認して、その日は引き揚げた。

「抜かれることは恥だが、後追いできないのはもっと惨（みじ）めだ」

中川は悔しさをこらえるのに必死だった。だが、同時に別の感情も湧き上がった。

「他社に顔面ノーガードで殴られるぐらいなら、こっちから殴り返すしかない。やるしかない」

どん底にいた中川の負けん気に再び火がついた。

1億5千万円の資金提供

「週刊文春が自民党の巨額の資金提供について報じるのでは」

20年1月22日の午後、県政チームの樋口のもとにそんな情報が舞い込んできた。19年の参院選前、案里陣営に自民党本部から計1億5千万円の入金があったとの情報だった。

実は、樋口は同様の情報を昨年末につかんでいた。「1億5千万円」と聞いた際、驚きよりもむしろ、「やはりそうか」との思いを持った。参院選前から選挙中にかけて、案里陣営は大量の名刺大のプロフィールカードやチラシを街頭で配るなど、「相当、カネのかかる選挙をしている」との確信を持っていたからだ。前述した通り、3回にわたり県内の全世帯に自民党機関紙を配送したことが大きな話題になっていた。県内の他政党の幹部は「あれは一度に3千万円ぐらいかかるよ。チラシなんかも含めれば確実に1億円以上は使っている」と断言していた。広島県内の世帯数は約120万。配送料は印刷費込みで数十円とされ、仮に3度全戸配布していればそれだけで数千万円から1億円規模の費用がかかる計算になる。

1億5千万円の情報を入手した年末、同僚の記者たちは「桁違いの金額だ」「庶民感覚でいえばとんでもない金額」と驚いていた。「なるべく早く記事化するべきだ」との指摘が相次いだ。

ただ、選挙資金に関する問題だけに、記事化する際には慎重な裏付けが必要となる。何か証拠となる資料や複数の証言がないか。樋口はそう考え、さらなる情報収集を模索していたところに、週刊文春が動いているとの情報が舞い込んできたのだった。

「このままでは、また先を越される」

樋口は関係者への取材を急いだ。なんとかその日のうちに「1億5千万円の提供は間違いない」との確たる情報を入手。1月23日付の朝刊に「河井夫妻側に1億5000万円」の記事を載せることができた。同日発売の週刊文春も記事を載せていた。

それでも反省点は大いにあった。文春は自民党から克行と案里の党支部に1億5千万円が、いつ、何回に分けて入金されたかについて、入金日と金額を記したメモを入手し、誌面にも掲載していた。われわれにも複数の証拠はあったが、このメモは入手できていなかった。当初の取材で入手できていれば、先駆けて報道できた可能性が高い。肝となる「物証」の入手に心血を注ぐ大切さを、改めて痛感させられた。

1億5千万円の資金提供が報道された23日、案里は国会内で報道陣に「もらったが、違法ではない」と説明した。党公認を得て活動を始めるのが遅れたため、公示までの短期間に党からの資金が集中したとの認識を示した。

その後、複数の関係者への取材で、1億5千万円のうち1億2千万円は国民の税金を原資とする政党交付金から出ていることがわかった。政党交付金を受けた政党や党支部は、使途の報告書を総務大臣に提出しなければならず、その要旨は官報で公表される。マスコミにも発表される。税金が入った資金である以上、案里にはこの大金を何に使ったのか国民に説明する義務が生じる。また、野党側は「1億5千万円が車上運動員への買収に使われたのではないか」と追及を始めていた。これらの疑惑に対して、案里は報道陣にこう説明した。

「国民の皆さまが知りたいと思われていることは、実は私自身も知りたいことなんです。というのが、私自身が本件について十分把握しておりません。（参院選前の）2カ月半の間、私は街頭演説などでほとんど事務所に帰ることはできず、陣営がどう運営されていたのか、なかなかわからないところであります。国民の皆さまには、政治不信を招いてしまっていることに対しては本当に深くおわび申し上げたいと思います。申し訳ございません」

1億5千万円は、案里と議席を争って落選した溝手顕正に党本部から渡された選挙資金の10倍に当たる。党内には「不公平だ」と疑問視する意見や、案里擁立に深く関わったとされる総理大臣の安倍らに説明を求める声も出ていた。

1億5千万円は、今後の火種になりそうな雰囲気が漂った。

秘書らを逮捕

全国紙、週刊誌との取材競争はその後も続いた。捜査の本筋については中川を中心に、県警チーム総がかりで関係者を回る日々が続いた。

「検察はどこまで立件するつもりなのか」

その本気度を探るのも重要テーマだった。

検察は家宅捜索の際、車上運動員への違法報酬疑惑を容疑にしていたが、「それだけであれば、秘書を罰金刑にして終わるのでは」「前法務大臣夫妻を摘発できるほどの容疑ではない」などの観測が政界や司法関係者などから聞こえていた。

そんな中、検察筋から漏れてきたのは「金権選挙」という言葉だった。最近ではあまり聞かない、〝昭和〟を感じさせる響きがあった。

公選法が車上運動員の報酬に上限を定めているのも、金権選挙を防ぐのが目的だ。上限がなければ、資金力のある候補者がカネにものを言わせて運動員を集め、カネの力で選挙戦を有利に進められる。複数の検察幹部への取材を進める中で、彼らがはっきりと明言することはないものの、その点に問題意識を持っていることが感じ取れた。

広島地検は3月3日、車上運動員ら14人に法定上限の2倍の報酬を払ったとして、案里の公設第2秘書（54歳）、克行の政策秘書（43歳）、案里の陣営幹部（71歳）の男3人を公選法違反容疑で逮捕。24日、そのうちの秘書2人を起訴した。

起訴した案里の公設第2秘書について、地検は連座制の対象である組織的選挙運動管理者に当たると判断。迅速に裁判を進める「百日裁判」を広島地裁に申し立てた。

前述したが、連座制は買収などの悪質な選挙違反において、候補者と一定の関係にある人の有罪が確定した際に、候補者本人が関わっていなくても連帯責任を問う制度だ。案里の公設第2秘書の場合は、禁錮以上（執行猶予を含む）の刑が確定するのが条件となる。刑の確定後、広島高検が当選無効などを求める訴訟を起こし、高検が勝訴すれば案里は当選無効となって失職。参院広島選挙区での立候補が5年間禁止される。

また、公選法は「連座制適用の可能性がある場合、起訴から30日以内に初公判を開き、同じく100日以内に一審判決を出すよう努める」と規定している。これが「百日裁判」だ。裁判が長引くことで政治家の任期中に結論が出ず、連座制の効果がなくなることを防ぐのを目的としている。

案里は窮地に追い込まれつつあった。

第4章／総力取材

鳴らない携帯電話

汚職や選挙違反などの知能犯罪の捜査は「密行」が鉄則である。もし容疑のかかる人物に動きを気付かれたら、証拠隠滅などをされてしまうからだ。だが、この鉄則は報道陣泣かせでもあり、日々の捜査当局の動きをつかむのは至難の業だった。

そうした中、検察当局が秘書2人を起訴した直後、ある記者が小さな痕跡から、検察が本格的な買収事件の立件に向けて動いていることをつかんだ。

端緒は、政治家の「鳴らない携帯電話」だった。その取材の中心にいたのが、中国新聞報道センター社会担当の和多正憲（わだまさのり）（41歳）だった。

和多は入社17年目。一貫して外勤記者として歩み、幅広い経験を積んできた。中でも事件担当が長く、思い入れも強い。捜査機関を思わせるような徹底取材が身上だ。警察や検察への「夜討ち朝駆け」もいとわず、粘り強くターゲットに迫る。社内の一部からは「捜査官」と呼ばれる。若干こわもてだが、後輩の面倒見もいい。

検察の捜査が進んでいた最中の２０２０年3月1日に、和多は山口市の防長本社から報道センター社会担当に異動。官庁の記者クラブに属さず、独自の視点で機動的に取材する機動遊軍チームに配属され、河井夫妻の事件取材に加わった。

和多はいつにも増して力が入っていた。今回の事件の端緒が、週刊文春の報道だったからだ。和多は日頃から、「論より証拠」で権力者の隠された一面を暴く雑誌ジャーナリズムに力強さを感じていた。同業者としてコンプレックスを抱いていたのかもしれない。「俺は週刊誌の記者の方が向いてるんじゃないか……」と転職を考えたこともあった。

苦い経験は直前の山口勤務時代でもあった。和多は当時、全国紙や地方紙、県内のテレビ局が加盟する山口県庁の記者クラブに3年間在籍していた。ちょうど地元選出の総理大臣、安倍晋三が主催する「桜を見る会」を巡る疑惑が紙面を賑わせていた頃だ。この問題を最初にスクープしたのは『しんぶん赤旗　日曜版』。雑誌ジャーナリズムではないが、やはり記者クラブに属さないメディアが放った、目の覚めるような調査報道だった。

実は地元では、安倍に近い自民党県議たちが自身の後援会員らを連れて上京し、「桜を見る会」

を公私混同まがいの後援会ツアーとしていたことは知られた話だった。そこを鋭く追及したのが『しんぶん赤旗　日曜版』だった。週刊文春もすぐに参戦し、山口県政界は混乱の極みにあった。和多は後塵を拝する格好で、安倍の後援会員や自民党の地方議員を取材して回った。

「『政治とカネ』の問題は、いつも新聞が後れを取っている。今度こそ、地元紙の意地を見せてやろう」

和多は「文春砲」で始まった河井夫妻事件の取材で、自分の立ち位置を決めていた。記者クラブとは距離を置き、誰にも忖度せず、フリーランスの記者のように暴れ回る――。和多はこの取材に運命的なものを感じていた。


20年3月26日未明、その和多の携帯電話に広島県政界の関係者から連絡が入った。「ある県議の携帯電話がつながらない。何か聞いていないか」という。広島の政界関係者の間では、年明け以降、河井夫妻から現金を渡された「疑惑の議員」の名前が出回っていた。携帯電話がつながらないこの県議も、その1人だった。

現金授受が取り沙汰された別の県議や広島市議の携帯電話も不通になっていた。呼び出し音すら鳴らない。ならばと、本人たちの前に直接出向き、理由を尋ねても「壊れたから修理に出した」「たまたま置き忘れとった」などの答えが返ってくるばかり。和多は「こんなに偶然は重ならない。となると、考えられることはただ一つ。検察に押収されたんじゃないか」とにらんでいた。

翌27日朝、和多は旧知の広島市議の自宅そばにいた。本人は不在。やはり携帯電話はつながらない。「検察に聴取されているのだろう」と踏み、帰宅を待ち続けた。昨晩から雨が降り続いていた。
午後4時過ぎ。ようやく市議は戻ってきた。「ご無沙汰しています」と声をかけると、市議は人懐っこい笑顔を見せ、「久しぶりじゃね」と笑った。かつて市政チームにいたことがある和多とは、3年ぶりの再会だった。
そのあいさつもそこそこに「検察に聴取されてませんか」と尋ねると、市議は一瞬「おっ」という驚きの表情を見せ、すぐに苦笑いを浮かべて観念したかのように「まあ上がりんさい」と自宅に上げてくれた。
応接間で向き合う。市議の妻が不安げな様子でコーヒーを持ってきた。妻も何かを察している様子だった。報道する際は匿名にするという条件で、市議は詳細を語り始めた。
市議「昨日、今日と広島地検に呼ばれた。昨日の朝、地検から突然電話がかかってきて、そのまま聴取された。調書にもサインしたよ。携帯電話も没収された」
和多「先生も河井克行さんからカネをもらったんですか」
市議「昨年春に克行が来て、白い封筒に入った現金数十万を渡してきた。地検はその金額をぴったり把握しとった」
和多「その現金はどうしたんです?」
市議「ちゃんと検察に返したよ。気持ち悪いカネじゃと思ったんよ。一切使っとらん。案里の選挙は一切応援しとらん。溝手さんを応援しとったから」
参院選の選挙戦がスタートする公示日は7月4日。その数カ月前に、案里陣営が選挙区内の地方議員に現金を配っていたことになる。名目がなんであれ、買収行為は明白ではないか。和多は以前、受け取った翌日に現金を返した被買収者も罰金刑になった選挙違反事件を取材したことがあった。「この市議も被買収罪に問われるのでは」と感じた。

だが、市議はあっけらかんと語った。

「検事は『本丸は東京ですよ。だから協力してください』と丁寧だった」

あくまで検察の狙いは河井夫妻。そう言いたげな説明だった。

同じ日の昼過ぎ、和多と同じ機動遊軍チームの山田英和（やまだひでかず）（34歳）も旧知の広島市議の携帯電話に連絡したが、通じなくなっていた。市議の事務所の固定電話に連絡すると、市議につながった。携帯電話が不通の理由を尋ねると、市議は「なくしたけぇ」と言い訳した。「押収された議員もいるみたいですけど、先生は関係ないですか」とさらに電話口で問い詰めると、市議は数秒の沈黙の後、「……わしも大いに関係あると思う」と暗に認めた。

午後8時過ぎ。

「本音の話を聞きに来ました」

山田は事務所で対面するなり、ストレートに切り出した。情にもろく、まっすぐな人柄の政治家だ。記者との駆け引きは好まないだろうと考えた。市議は明らかに元気がなく、ばつが悪そうに下を向き、せわしげに机の上の書類をくっている。

「本音も何もありゃせん」

市議はこう述べた後、吹っ切れたようにとつとつと話し始めた。

「携帯、押収されたよ」

「いきなり電話で呼び出されて、軟禁状態よ」

「検察官からは『あなたは被疑者です』と言われた」

「次は東京地検に来いと」

そして、克行から合計数十万円を渡されたことを市議は山田に認めた。検察にはすべてを正直に話したという。普段は声の大きい議員だが、この日はつぶやきのような、消え入りそうな言葉が続いた。

時計の針が午後9時を回った頃、市議の口数は徐々に増してきた。

「魔が差したというか、今までの付き合いで返す機会を逸した」

「墓場まで持っていかにゃいけんと思っていた」

「なんで自民党本部と県連のけんかに、わしらが巻き込まれにゃいけんのか」

次々と後悔の言葉が口をついて出た。

「人間が甘いとね、ええ具合に利用される。自分がばかだったんじゃ。わしが腹くくりゃ済むんじゃけえ。（克行と）一緒にどぼんしたら、世のため人のためになるんかな……」

会話の終盤、市議はこう吐き捨てると、山田の前で腹を切る仕草を見せた。目は涙で潤んでいる。「問わず語り」は1時間あまりに及んでいた。

これまでの人間関係があったからこそ、意を決して語ってくれた。そう感じた山田は、市議の心情に寄り添いたくなる気持ちを抱いた。と同時に、河井夫妻の「罪深さ」を感じた。

この広島市議2人への取材から、検察当局が描く事件の全体像が少しずつ見えてきた。

――河井夫妻が、各地域で後援会組織を持つ集票力のある県議や市議らを味方に引き入れるために現金を配って回り、案里への支援を依頼した――

検察の最終目標は、週刊文春が先行して報じた車上運動員への違法報酬疑惑ではなく、選挙違反で最も悪質とされる、票の取りまとめを目的にした買収事件ではないのか。

すでに19年11月の時点で、河井夫妻が参院選前に複数の県議に現金を持参していた疑惑を報じている。その後の取材では新たな情報をつかめずにいたが、検察の聴取がきっかけとなり、堅い証言者が複数現れた。

報道センター社会担当では27日夜、2人の広島市議の証言を基に、広島地検が地方議員らに対する現金授受疑惑の捜査に着手したとの「特ダネ」を出稿。3月28日付の朝刊1面のトップを飾った。

疑惑の首長

「これはすごい買収事件になる。さらに本腰を入れてやらないといけない」

出稿作業を終えた27日の深夜、県警・検察を担当するデスクの荒木紀貴は身震いした。

県議、広島市議以外にも、現金を受け取ったと噂される議員や首長の名前が政界関係者の間で出回り始めていた。政治・行政担当のデスクである村田拓也（44歳）とともに話し合い、次にすべきことが決まった。

「広島県と県内23市町の全首長と全地方議員に、検察による聴取と現金授受の有無を総当たりしよう」

取材対象は500人を超える。中国新聞が県内に持つ本社と支社総局支局が総動員で臨む取材となる。地域に根を張る地元紙の本領を発揮する時がきた。ローラーをかけるように全員に当たる「ローラー取材」である。報道センター長の吉原圭介（52歳）は「中国新聞以外にこの取材をできるメディアはない」と即決し、ゴーサインを出した。

この取材を経て、まず3月31日付朝刊で県知事を含む24人の首長の回答を実名で報じた。この時、福山市長と安芸太田町長の2人だけが検察当局から聴取を受けたかどうかを答えなかった。その後、福山市長は聴取を明確に否定したが、安芸太田町長の小坂真治（71歳）だけは煮え切らない対応を続けた。「疑惑の首長」として浮かび上がった。

翌4月1日の夕方、安芸太田町役場の町長室。

同町を取材エリアとする中国新聞北広島支局長の山田太一（35歳）は、小坂の単独取材をしていた。町職員の間では清廉な政治家との評価だった小坂。山田も「まさかこの町長がカネを受け取ってはいないだろう」と思っていた。ただ、ここ数日の逃げるような取材対応に「おかしいな」とも感じていた。

「わしから話そうか」

町長室で向き合った小坂は神妙な表情でそう切り出し、参院選の約2カ月半前の19年4月21日に克行から現金20万円入りの封筒を渡された経緯を説明し始めた。

自宅に来た克行が「参院選で保守系の票を分ければ、（自民党の）2人が通る」などと話し、厚みのある白い封筒を差し出してきた。中身について克行から説明はなく、現金の可能性を感じて受け取りを拒否したが、押し問答の末に受け取った。領収書は求められなかった。中身は確認せず、自宅で保管していたという。

その後、地検の捜査が始まり、案里陣営の買収疑惑が報じられたことなどを受け、20年3月下旬に開封し、20万円が入っているのを確認した。同月30日、自身の政治団体への寄付として収支報告書に記載する手続きを取ったという。

克行が現金を持参した狙いについて、参院選に立つ案里への支援を依頼する目的だったと受け止める。そして「（カネをもらわなくても）選挙協力はするのに。自分には必要ないと思った」と加えた。

受け取ってから約1年後に封筒を開けた理由としては、参院選前に自民党本部が案里側に1億5千万円を入金したことが20年1月に表面化したことを挙げた。「渡された現金が1億5千万円の一部ではないか、という気持ち悪さがあった」と述べた。

一方、広島地検の任意聴取を受けているかについては「コメントをしない。捜査には協力する」と述べた。「これまで克行氏からこういう形で現金を渡されたことはなかった。いつか返せばという安易な思いと甘さがあったと反省している」と後悔の念を語った。

山田は「カネに厳しい町長がどうして……」と驚きを隠せなかった。

取材は1時間あまり。最後には写真撮影と実名で報じることも承諾した。取材後、山田は「町長は腹をくくったな」と思うと同時に、辞職するかもなという思いが頭をよぎった。

山田による記事は20年4月2日の朝刊に掲載され、予想通り、小坂はその5日後、辞表を町議会議長に提出した。河井夫妻からの現金受領を巡る政治家の辞職表明は初めてだった。

この日の朝、小坂は町議会で一連の経緯を説明する予定だった。報道陣が詰めかけ、現金受領者の取材に力を入れていた和多も応援で駆け付けた。議会での説明後、小坂は報道陣に「町民や職員に混乱を与え、信頼関係が大きく損なわれた。最終的な判断が今朝になった」と辞職の理由を述べた。

小坂は前述のように、現金20万円を確認した後、自身の政治団体への寄付として政治資金収支報告書に記載した。領収書も作成し、克行の事務所の郵便受けに入れた。その理由について、1日の取材では「適法になり得る行動」と説明した。公選法違反となる「買収目的のカネ」であっても、政治団体でやりとりする政治資金として処理すれば政治資金規正法上は合法となるという理屈だった。

だが、小坂はこの日、報道陣からの質問に「政治資金でという安易な思いがやはり成り立つはずがないと深く反省している」と陳謝した。実際に後日、収支報告書の20万円の記載は削除した。

和多は、政治資金収支報告書に記載さえしておけば違法なカネが合法となるとする「政治村」の理屈が解せなかった。その一方で、後日ではあったが20万円の記載を削除した小坂の振る舞いに、政治家としての良心も感じた。

翻って克行はどうか。和多は小坂に対し、いまだに説明責任を避け続ける克行への思いを尋ねた。小坂は眉をひそめ、一瞬、言いよどんだ末に口を開いた。

「一刻も早く全容が明らかになるように、私は（捜査への）協力要請には応える。彼も彼の立場で、早く問題が解決する方向で（対応）するべきだと思う」

地検による聴取は認めたものの、詳細の説明があやふやな首長もいた。三原市長の天満祥典（てんまよしのり）（73歳）は中国新聞三原支局長の馬場洋太（ばばようた）（46歳）に対し、「地検に携帯電話や手帳を押収された」と述べ、河井陣営が金銭を渡してきたことをほのめかしたが、その相手や金額については「聴取を受けている段階なので」などと明言を避けた。

領収書の有無を尋ねると、天満は「切っていないでしょう」と返答。他人がしたことを推察するような口ぶりに、馬場は「責任を誰かに押し付けようとしている」と直感した。「お金を受け取ったのは、後援会ですか」と水を向けると、天満はうなずいた。ところが、裏取り取材をすると、後援会幹部は「後援会としては、お金を受け取っていない」と証言した。説明の食い違いを記事で指摘すると、天満はその日から「後援会も含め、金銭授受はない」と、全面否定に転じた。記者会見では「検察からは金銭については聞かれていない。河井夫妻とどういう付き合いかを聞かれた」などという不可解な説明もあり、発言に偽(いつわ)りがあると馬場は確信した。

その後、議員へのローラー取材の結果がまとまってきた。約550人の議員を取材した結果、35人が地検の聴取を受けたと認め、そのうち13人が河井夫妻が現金を持ってきたと証言した。河井夫妻が参院選前に現金を広範囲に配っていたことが浮き彫りになってきた。と同時に、取材を拒否したり、「ノーコメント」を繰り返したりする議員もかなりいた。まだまだ全容が見えたとは言えない状況だった。

検察からのエール

ローラー取材で県議を担当した県政チームの樋口浩二は、取材全体の結果を知り、「あれほど参院選にかける思いが強かった河井夫妻ならやりかねない」との思いが頭をよぎった。と同時に、「一体どれほどの規模で現金を配ったのか」という疑問が浮かんだ。取材を進めれば進めるほど、その範囲がわれわれの想像をはるかに超えるものだったからだ。

その取材では悪戦苦闘が続いていた。これまでの付き合いから一定の信頼関係が築けたと感じていた県議の多くが、口を開かなくなっていたからだ。その多くは「検察からの口止め」を理由にした。中には「検察に呼ばれていない」「現金など受け取っていない」と、のちに判明する事実と全く逆のことを告げる議員さえいた。

樋口は根っからの負けず嫌い、一度走り出すと突っ走る性分だ。現金を受領した県議の取材に苦悩した際も「ぶつかったからには、とことんやろう」との思いで日々ベストを尽くすよう心がけた。

学生時代から新聞記者を志したわけではない。広島大学3年の後半になり、卒業論文のテーマとして、地元福岡県・筑豊地方の炭坑で汗を流した女性坑員の生き方を書くことにした。そして、郷土の専門家を訪ね歩いた。その時、「人に会って話を聞き、それを文章にすることが苦にならない」と気付き、広島の中国新聞社を受験し、縁あって入社が決まった。その際、女性坑員をテーマにしたノンフィクションの著書があり、卒業論文の時に話を聞かせてもらった女性作家に新聞記者になることを伝えた。すると「記者になったら取材相手はただの『対象』になるきねえ」と言われた。記者になって以来、節目節目でこの言葉を思い起こす。ただの「対象」を超えた取材を重ね、取材先、読者に信頼される記事をどう書いていくか。河井夫妻を巡る取材でもその姿勢で突き進んだ。

議員からどう事実を聞き出すか。樋口はできるだけ対面で会う機会をつくろうと、疑わしい県議の事務所や自宅に足を運んだ。ある議員は事務所を訪問しても不在で、1週間かけ続けた電話に一切出なかったが、ようやく4月上旬、電話に出た。「あんたもしつこいな」と観念したようで、県議会棟の個室で取材に応じた。検察に聴取されているという事実は首をタテに振ることで認めたものの、その他のことには「何も言えない」を繰り返した。

取材に対し「匿名ならば」と事実関係を語り始める議員も多かった。当時、マスコミ各社からの取材攻勢を受け、「黙っておくのがつらくなった」と漏らす議員もいた。樋口は「たとえ匿名でも、何も聞き出せないよりはいい」と自分を納得させ、できるだけ詳細に現金授受のシーンを聞き出そうと努めた。

一方、検察当局の動きは活発だった。元県議会議長や元広島市議会議長らの事務所や自宅などを、相次いで家宅捜索した。県議会も捜索対象となった。これまで半信半疑で捜査の行方を見つめていた者たちも「地検は本気だ」という確信に至った。


独自の取材で河井夫妻が現金をばらまいた事実を報じ続ける中、検察取材は少しずつ風向きが変わり始めていた。

検察当局が議員らの一斉聴取を進めていた3月下旬。ある検察幹部が深夜に自宅へ帰ってきた。自宅前にはテレビや新聞、通信社8社の記者が待っていた。

暗がりの中、事件について尋ねようとする記者の質問をその検察幹部は遮り、「中国さんに聞いてみろよ」と振ってきた。各社の視線は、その場にいた中川雅晴の横顔に集まった。

「俺は何も話していないのに、あれだけ自信満々に書くのは立派だ。他の社は別の話題で紙面のほとんどが割かれている。ほとんどのマスコミがそうじゃないか。書いているのは中国新聞だけじゃないか。当局ばかりに頼るな」

独自の報道を続ける中国新聞をネタにした検察幹部の〝説教〟は、その後もしばらく続いた。相変わらず事件については口を閉ざしたままだったが、検察からの予想外のエールだった。中川は胸が熱くなった。記者の仕事の責任の重さも改めて痛感した。帰宅するため車に乗り込んだ中川は、携帯電話を手に取った。

「胸熱（むねあつ）でした」

同僚たちに、すぐさまメールを送った。

その後、検察当局が20年1月に河井夫妻の自宅を家宅捜索した際、紙に印刷されたあるリストを書斎の段ボールから発見、押収していたことが判明した。地方議員や首長らの名前と、金額とみられる数字が記載されているといい、検察当局は「買収リスト」とみているようだった。一部の他社と同着ながら、情報をつかんだ中川も記事を出稿した。検察当局はこのリストに基づいて、一斉に地方議員や後援会員らの任意聴取を進めていた。

「この証拠があるから、強気の捜査ができるわけだ」

中川は、前のめりにも映る検察当局の積極姿勢の理由がつかめた気がした。

一方で、克行はなぜ、証拠にもなり得るリストを残していたのか、疑問も湧いた。選挙違反を含めた知能犯罪は通常、証拠を残さない。克行をよく知る地元議員は「普段から政権との近さを鼻にかけとった。俺は逮捕されんと、おごりもあったんじゃろ」と話した。

中川は、河井夫妻が逮捕されるのは時間の問題と確信した。

Xデー

Xデーは6月18日か。

そんな情報が永田町を駆け巡っていた。Xデーとは河井夫妻の逮捕日を意味する。大きな事件が動いている時にマスコミがよく使う言葉だ。

前日の17日は通常国会の最終日。国会開会中の国会議員には、憲法第50条で不逮捕特権が認められている。例外として「会期中であっても所属する院の許諾があれば逮捕できる」ともなっているが、その際、検察は内閣に逮捕許諾請求書を提出し、その後、議院運営委員会などで捜査状況について詳しく説明をしなければならない。つまり検察当局は、手の内を明かさなければならないわけで、それを嫌うとも言われる。そうしたことを避けつつ、逮捕可能となる一番早い日が18日だった。

16日夕、克行と案里が自民党に離党届を提出した。

翌17日は午後3時頃に衆院本会議と参院本会議が予定され、大勢の記者が国会で待ち構える中、克行と案里はいずれも本会議にやってきた。

克行は「捜査中なので」と歩きながら語り、国会議事堂を後にした。

案里は真っ白のスーツ姿で登院した。まるで自らは潔白だと主張しているようだった。本会議終了後、報道陣に囲まれてもみくちゃにされながら、エレベーターの前で小声で一言だけ述べた。

「弁護士から止められております。申し訳ありません」

衛視に守られながら、堂々と国会議事堂を去っていった。

2人は別々のタクシーで、克行が入居している赤坂の衆院議員宿舎に戻っていった。


東京支社は18日に夫妻が逮捕される可能性があると想定。本社から記者1人とカメラマン2人が応援に入り、全国紙と比べると劣勢ながらも総力を挙げて取材態勢を組んだ。赤坂の衆院議員宿舎をはじめ、案里が入居している麴町の参院議員宿舎、衆院議員会館、参院議員会館、総理大臣官邸、自民党本部に記者を配置。逮捕後は東京拘置所前も警戒する手はずを整えた。

最も力を注いだのは、克行が暮らす赤坂の衆院議員宿舎。17日夜から、河野揚、境信重ら3人が交代で宿舎前に張り込んだ。近くのビジネスホテルに部屋を取り、2時間ごとに交代しながら様子を見守った。全国紙やテレビの記者やカメラマンも、ざっと数十人はいた。逮捕される前の夫妻の姿を撮影しようと必死だった。

17日深夜から18日未明にかけ、中国新聞を含めた各メディアがインターネットで「河井夫妻逮捕へ」というニュースを流し始めると、待ち構える記者団がざわつき始める。

「いよいよだな」

河野は眠い目をこすり、気合を入れ直して出入り口で待ち続けた。

東京ならではの曇ったような夜空の下、何台かの車が宿舎に出入りした。後部座席がスモークガラスで見えない黒い大型セダンや、小型の軽ワゴン車……。気になる車両はあったものの、河井夫妻が乗ったとわかる車は見つけられないままでいた。

夜が明けると、報道陣は100人規模に膨れ上がった。テレビのワイドショーの取材陣も来ていた。宿舎を出入りする衆院議員はその様子を珍しそうにスマホで写真に撮ったり、記者に状況を尋ねたりした。夫妻が出てくる瞬間を撮り逃すまいと緊張感が高まった。

時は刻一刻と過ぎていった。夫妻の姿は確認できない。「車に隠れてどこかに出ていったのか」という声が上がり始めた。午後2時を過ぎると、再び現場がざわつき出した。

「もう捕まったらしい」

そんな情報が出回った。現場には一向に動きがなかった。

午後3時頃、検察当局が河井夫妻を逮捕したという速報が流れた。午後5時頃、克行と案里を乗せた別々の車両が、相次いで東京拘置所に入った。

後日、案里の関係者にXデーの夫妻の所在を確認すると、18日は都内の別の場所で過ごしていたという。なんらかの手段を使って、17日に戻った衆院議員宿舎から抜け出したとみられる。どうやって抜け出したのかは、いまだにわかっていない。

Xデー当日の夫妻の写真は、撮れずに終わった。

第5章／告白・辞職ドミノ

受け取ったのは誰だ

河井夫妻の逮捕後、報道各社の特ダネ合戦はさらに激しさを増した。

東京地検特捜部の逮捕容疑は、2019年の参院選で、票の取りまとめを依頼する趣旨で地元県議ら計94人に計約2570万円を渡したという内容だった。

だが検察当局は、逮捕容疑にある94人の被買収者の名前を公表しておらず、目下、最大の関心事は「誰が夫妻から現金を受け取ったのか」だった。自民党系の地方議員を中心に報道各社が取材攻勢をかけ、しのぎを削っていた。

検察取材を担う中川雅晴は苦戦しつつも、逮捕から2日後の6月20日付の朝刊1面で、この94人のうち約40人が、具体名はまだ特定できないものの広島県議や広島市議ら県内の地方議員だったことがわかった、と特報した。

こうした報道を受け、県議会や広島市議会では、議員同士が互いに疑心暗鬼に陥っているようだった。「あいつは検察に聴取されたらしい」「あの議員が怪しいようだ」などと観測情報が飛び交う状況になった。

そんな中、被買収者とされる政治家を実名で報じる記事が出始める。

6月22日夜、三原支局長の馬場洋太はこれまで授受の説明があいまいだった三原市長の天満祥典の自宅を訪ね、「河井夫妻が起訴されて裁判になれば、現金を渡した先のリストも明らかになる。リストに自分の名前がない自信はあるのか」と問いただした。それに対して天満は「心当たりがない」と繰り返すばかりだった。市議会定例会の閉会日だった翌23日、天満は本会議で自ら発言を求め、市議会に対して「現金授受はございません」と明言した。

だが、24日に中国新聞が独自情報を基に「三原市長、100万円超受領か」と報道すると、天満が支持者に辞意を伝えたとの情報が駆け巡り、それを受けて翌25日の朝刊1面で「三原市長が辞意」と続報した。

同日の記者会見の冒頭、天満は「河井克行氏から150万円の現金の授受があったことをこの場で申し上げたいと思います」と発言。わずか2日前の市議会での証言をあっさり覆す、あまりの議会軽視ぶりに、馬場はあっけに取られた。

なぜ最初から正直に話さなかったのか。

「河井先生を信用していた。秘密だというので、2人の約束だと、守り通していた」

そう釈明する天満に、ある記者は「市民より、国会議員との約束の方が大事か」と抗議の質問をぶつけた。「まずコロナ対策。中小企業や個人事業主を助けるため、政治の空白をつくりたくなかった」との言い訳もむなしく響いた。現金を受け取った議員が県内各地に多くいることへの所感を問われると、天満は「そうですね、これは日本の習慣、慣習だと思う」と本音を漏らした。それを裏付けるかのように、同30日の市議会臨時会では、天満への抗議決議に対し、市議6人が賛同しなかった。大目に見ようとする議員がいる限り、金権政治はなくならない、と馬場は痛感した。

丸刈り市長

6月24日の読売新聞夕刊では、安芸高田市長の児玉浩（こだまひろし）（57歳）が県議時代に克行から2回にわたり計60万円を受け取っていたことを認めたと報じた。

この夕刊記事が出回った同日午後、安芸高田市の市長室前に報道陣が集まった。その中には中国新聞の安芸高田支局長、和泉恵太（いずみけいた）（34歳）もいた。市長室から出てきた児玉は、現金の授受を認め、「国会議員と県議の立場で断りきれなかった」と釈明した。ただ、詳細は説明せず、短時間で取材を打ち切った。

これまで何度となく児玉から「地検の聴取も現金授受も一切ない」と説明を受けてきた和泉は「現地支局長として付き合ってきたのに残念だな。やっぱり政治家はうそをつくんだ」とさみしさを覚えた。

児玉は克行の選挙区内にある安芸高田市選出の自民党県議を長く務めていたことから、事件発覚当時から「疑惑の議員」として取り沙汰されていた。

検察当局が現金授受疑惑のある議員の一斉聴取を始め、携帯電話を押収した3月下旬。児玉の携帯電話も一時つながらなくなった。いぶかる和泉に対し、児玉は「トイレに落とした」とうその説明をしていた。

その翌月の4月、県議を辞して挑んだ市長選で無投票当選した。

初当選後の新市長としてのインタビューでも「河井夫妻からの現金の持参や広島地検による聴取はあったか」との質問に対し、児玉は「河井夫妻には普段から行事などで会うことはあったが、(質問のようなことは) ない」と答えていた。

それまでの説明を翻して現金授受を認めた児玉に対し、信頼を裏切られた市民の反発は大きかった。うその説明を続けて市長選に立候補し、当選したことへの怒り、不信だった。

2日後の26日になって、ようやく記者会見があった。児玉は丸刈り姿で会見場に現れた。

和泉は記者会見で最初に手を挙げ、虚偽説明を続けて市長選に立候補した点をただした。児玉の釈明の弁は案の定、「検察からの口止め」。次のように語った。

「言い逃れをするつもりはないが、身内をはじめ、知人友人にも話せなかった。捜査機関の要請だ

丸刈り姿の児玉浩・安芸高田市長

ったので、それを貫いてきた」

「3月後半、選挙直前に聴取された。一部の方に相談し、今からどう対応すればいいのかということで、はっきり決断できず、そのまま周囲の期待もあったので、選挙に突入してしまった」

他の記者から丸刈りの理由を問われると、児玉は「今できることは何かと考えた時に、反省を示さなくてはいけないと、こういうへアスタイルにした」と説明した。

本社の報道センターから応援で駆け付けていた和多正憲は「丸刈りで世間に許してもらうつもりなのか。謝罪の発想が昭和の精神論だ」と心中であきれた。

和多「現金授受や聴取の有無を『ない』と否定してきた。『ノーコメント』と答えることもできたはず。うその答えをした理由はなぜですか」

児玉「ノーコメントと答えた時、どのように次の質問があるのか難しい部分がある。私の性格から、いったん認めると全部話したくなる。あくまで一線を守るため、そういう答え方をした」

和多「虚偽説明への市民の反発は強い。4年の任期を全うするんですか」

児玉「市の諸課題に一定のめどを付けたい」

和多「出直し市長選で信を問う考えはないのですか」

児玉「後援会に相談し、市民の声を聞きながら進めたい」

あくまでも辞職の意向は示さないまま、丸めた頭を深く下げ、児玉は会見場を後にした。

時代錯誤の「丸刈り謝罪」は全国で報じられ、市役所には辞職要求の電話やメールが殺到。4日後の30日、児玉は一転、辞職を表明した。自ら「墓穴」を掘った辞職劇だった。

児玉の現金授受が明らかになった翌日の25日には、安佐南区選出の広島市議の石橋竜史（48歳）が記者会見を開いた。参院選の約1カ月前に現金30万円を受け取ったと認め、「『2人だけの秘密だからね』とねじ込まれる形だった」「あらがえなかった」などと涙ながらに釈明した。現金を受け取ったとされる広島市議が記者会見で説明したのは初めてだった。

政治家40人リスト

告白ドミノの様相を呈する中、6月26日付の読売新聞朝刊が激震をもたらす。被買収者とされる県内の政治家40人を一覧表にして、実名で報じたのだ。

午前6時過ぎ、和多の携帯電話には本社の宿直勤務の記者から読売新聞の記事がメールで送られてきた。これまでの取材に現金授受だけでなく、検察の聴取すら全否定してきた議員の名前が何人も並んでいた。

「抜かれた」

寝ぼけた頭が一気に覚めた。

その日は午前中から、常任委員会のために県議会棟へ来た自民党の県議たちを報道陣が取り囲んだ。江田島市選出の県議の沖井純（60歳）はカメラの前で12分間にわたり、克行から現金を受け取った状況を説明。危ないカネと感じ、5日後に返金した経緯も明かした。

安芸高田市でも同日、市議会議長の先川和幸（73歳）、副議長の水戸真悟（71歳）、市議の青原敏治（69歳）の3人が揃って記者会見に臨んでいた。いずれも克行から、先川が20万円、水戸と青原が10万円を受け取ったと認めた。市のトップだけでなく、市議会のトップも現金を受け取っていたことが明らかになった。その後、市議3人は辞職した。

マスコミ各社の報道に端を発した告白ドミノは、辞職ドミノへと雪崩を打った。

広島県府中町議の繁政秀子（78歳）もその1人。当選9回を誇るベテラン町議で自民党支部の女性部長。県内の女性政治家の草分け的な存在でもある。案里の後援会長を務め、「女性の活躍」を掲げる案里を後押ししていた。

当然、河井夫妻からの現金授受の可能性がある「疑惑の議員」の1人でもあったが、「1円も受け取ってない」と否定していた。

告白ドミノが起き始めていた24日、和多の携帯電話に繁政から着信があった。河井夫妻からの現金授受の話題に水を向けると、すんなりと認めた。参院選公示の2カ月前の19年5月、克行から「案里を頼みます」と現金30万円入りの封筒を渡されたという。和多は、一部でささやかれていた当時総理大臣の安倍晋三の関与について質問してみた。

和多「安倍さんの名前は出なかったんですか?」

繁政「和多さんだけにしか言わんけど、そうなんよ。私は『選挙活動できんくなるから』と断ったんじゃけど、（克行から）『安倍さんから』って言われた。（現金が）いる、いらんのやりとりの時にね。安倍さんからじゃから、ええんじゃけえという感じ。それで受け取った」

和多「『安倍さんから』と言われたから受け取ったんですか」
繁政「総理じゃけえね。安倍という名前を聞いて受けたんです」
和多「安倍さんとはっきり言ってました？」
繁政「びっくりしてねえ。なんと気持ち悪いと思った」
和多「本当に総理からと思ったんですか？」
繁政「私はその時、そう思ったんじゃろう」
繁政の証言を、翌25日付の紙面で「『安倍さんから』と30万円」との見出しで大きく報じた。繁政は29日、辞職した。和多は政権の「金権選挙」への関与は確実と感じた。

苦い記憶「藤田雄山知事・後援会不正事件」

現場の記者が疑惑の地方議員らを追い、新たな事実をつかんでは特ダネを書いて送ってくる。その受け手となった1人が、デスクの荒木紀貴だった。

デスクは、記者が書いた記事の最終関門となる。取材の内容を聞いて、掲載の可否を判断。取材した記者が書いた原稿を読んで、添削して出稿する。出社すると社内からほぼ出ることはなく、パソコンと電話の置かれた机にへばりついて1日を過ごす。まさにデスク（机）である。

現場を駆け回る若手、中堅記者たちの生々しい取材メモを見ながら、荒木は後輩たちの活躍を頼もしく感じていた。一方で、苦い記憶が甦り、忸怩（じくじ）たる思いを抱えていた。

その記憶は05年にさかのぼる。広島地検が摘発した前広島県知事、藤田雄山（ふじたゆうざん）（故人）の後援会不正事件だ。

03年の政治資金パーティーで８６００万円を集めながら県選管には収入を５千万円と報告したなどとして、後援会の元事務局長が政治資金規正法違反罪で起訴され、禁錮１年６月、執行猶予３年の有罪判決が確定した。

その捜査の過程で、藤田の後援会が過去の知事選で毎回、自民党県議らに「対策費」として現金を配り回った買収疑惑が持ち上がり、県政界が大揺れとなった。

06年２月から裁判が始まり、その後公開された裁判記録で、対策費は最初の知事選（１９９３年）で２億～３億円、２期目の知事選（97年）が３千～４千万円に上ったとする元秘書の供述調書が明るみに出た。

地検は、97年の知事選で現金を受け取った県議10人の名前を記したとされる元秘書のメモを押収。元秘書は「あしき慣習だった」と供述していた。一方ですでに時効が成立しており、地検は動かなかった。

であるならば、自分たちの取材で事実を明らかにするしかなかった。

当時、荒木は30代前半で県政チームの一員だった。警察、検察担当だった当時の経験や人脈も生かし、知事選や自民党の暗部を取材しては記事を書いた。

疑惑の10人についても先輩記者と名前を割り出し、実名で報道した。ただ、10人全員が現金の受け取りを否定した。他に決定的な証拠はつかめず、白黒をはっきりさせることはできなかった。

疑惑はこの10人にとどまらなかった。「藤田陣営が97年と2001年の知事選では自民党県連に上納金を裏金として渡した」などといった疑惑も表面化。荒木は関係者の取材に駆け回った。しかし、いずれも自民党県連側は疑惑を否定。元秘書や元事務局長の供述以外に証拠がなく、真相解明にはたどり着けなかった。

藤田も県議会も調査したが、説明責任を果たさぬまま、最終的にはうやむやのままで幕引きをされた。

「もっと自分に力があれば、真相に迫れたのではないか」

悔しさと情けなさが消えることはなかった。

当時、荒木が救いのように感じたのは、疑惑の渦中の07年にあった県議選だった。県民の政治不信が高まる中で、現金の提供先として元秘書のメモに名前があった県議を含む自民党系の現職県議10人が落選した。

「さすがに自民党も懲りたはず。もう買収事件は起きないだろう」

そんな思いでいた。

荒木はその後、山口支局（現・防長本社）勤務を経て東京支社で永田町取材を担当。12年に本社に戻り、2年にわたり県政キャップを務めた。知事は藤田から湯﨑英彦に代わっていたが、県議会には知事選疑惑当時に取材した県議の多くが引き続き在籍していた。「政治とカネ」の問題は起きなかった。

ところが、19年の参院選で知事選疑惑をはるかに超えた規模の買収事件が起きた。しかも、知事選疑惑で現金を受領したとされた県議が、今度は河井夫妻から現金を受け取ったという。

さらに、知事選疑惑の当時、追及の急先鋒だった案里が現金を提供する側に回っていた。

荒木は当時の案里の言葉を鮮明に覚えている。06年3月の県議会予算特別委員会。疑惑に揺れる知事の藤田に対して、

「対策費とはどのようなものですか」

「説明責任を果たしているとお考えですか」

と案里は質問を繰り出した。藤田は具体的な説明ができず、「県民の政治不信を招いた」とわびるのみだった。説明不足に業を煮やした案里は、「知事、男らしくなさいよ。私がもし広島県知事でしたら、おそらく辞職をしています。男らしくしなさい」と切り捨てた。

このやりとりは、案里についての語り草ともなった。

荒木は案里を「クリーンな政治家」とは思っていなかったが、今回の事態にはただ驚くしかなかった。

「皆、全然懲りてなんかいなかった。あしき慣習は続いていた」

荒木は、自分の甘さがほとほと嫌になった。

キャンペーン報道

東京地検特捜部は20年7月8日、参院選で案里を当選させる目的で広島県内の地方議員や首長、後援会員ら100人（このうち40人は首長や地方議員ら広島県内の政治家）に計2901万円を配ったとして、克行を公選法違反罪で起訴した。このうち、県議ら5人に計170万円を渡したとして、案里も起訴した。

一連の疑惑発覚から8カ月。国会議員夫妻が買収事件の被告となった。しかも克行は、法務行政のトップである法務大臣経験者。まさに前代未聞の事件だった。今後、真相解明は3月に起訴された秘書同様、「百日裁判」が舞台となる。

起訴の数日後、広島市安佐南区にあった克行の事務所は閉鎖された。片付けに追われていた公設秘書は「支えてくれた地元の方に申し訳ない気持ちでいっぱい」と漏らした。中区にあった案里の事務所も、9月下旬に閉鎖された。

2人を国会に送り出した地元に、政治活動の拠点はなくなった。一方で、克行も案里も公判で勾留生活が続く中、国会議員を辞職してはいない。2人にはそれぞれ、国から毎月103万5200円の歳費と100万円の文書通信交通滞在費、それと夏・冬のボーナスが各300万円ほど支払われ、公設秘書の給与も支給され続けていた。その原資は国民が払った税金である。

河井夫妻の起訴に向けて検察の捜査が最終盤に入っていた7月初めの夜。その日の出稿を終えた荒木に、編集局長の下山克彦（56歳）が声をかけた。「ちょっと出ようや」と、会社近くの居酒屋へ荒木を連れ出した。

編集局では今回の事件を受けて、「政治とカネ」のキャンペーン報道を始めることにしていた。下山は荒木に、「現場の責任者をやってみないか」と水を向けた。荒木は「僕でよければ、ぜひやらせてください」と即答した。「今回こそ、やりきらないといけない」と思っていた。

中国新聞はキャンペーン報道に専従する記者として、これまでも取材の中心メンバーだった和多、中川に加え、報道センター社会担当の野田華奈子（43歳）と今井裕希（28歳）の計4人のチームを編成。荒木を担当デスクにした。過去の苦い経験も踏まえ、今回は中途半端な終わり方は許さないという決意の下、キャンペーンのタイトルは「決別　金権政治」と決めた。金権政治がなくならない政治土壌や制度の問題にも切り込みたいと考えていた。

キャンペーンの号砲となる連載の第1部のテーマは「巨額の買収事件」。9月26日付の朝刊から連載をスタートさせた。

中國新聞

9月26日(土)

発行所
広島市中区土橋町7番1号
〒730-8677
中国新聞社
電話(082)236-2111(受付案内台)
中国新聞デジタル
https://www.chugoku-np.co.jp/

菅氏来援の直前「裏仕事」

克行氏 現金ばらまき

決別 金権政治 ①

第1部 巨額の買収事件

2019年7月の参院選広島選挙区を巡る大規模買収事件が、政治不信を巻き起こしている。元法相の河井克行(57)=衆院広島3区=が妻の案里(47)=参院広島=を当選させるため、100人に計2901万円を配ったとして公選法違反罪に問われた前代未聞の事態だ。しかも事件の舞台となった広島県ではかつて、知事選を巡る買収疑惑が表面化し、再発防止へ条例まで制定したが、悪弊は繰り返された。今度こそ「金権政治」と決別しなければならない。まずは、今回の事件の実態を探る。

「臨時国会で国会議員としての責務を果たす必要がある。出席したい」。安倍晋三(66)の後任を決める自民党総裁選の本命が菅義偉(71)に定まりつつあった今月9日、東京拘置所に勾留中の克行は自ら書面を作り、東京地裁に4度目となる保釈請求をした。菅を新首相に選出する臨時国会に出席したいと、弁護人に直訴してきたという。

克行にとって、菅は1996年に初当選した「当選同期」。党内の無派閥の中堅・若手議員を集め、菅を支える「向日葵会」を主宰する仲だ。ただ、地裁は克行の保釈請求を却下し、国会出席はならなかった。

新元号の発表後、菅をねぎらいに議員会館を訪れた克行（本人のフェイスブックから）

出世の階段上る

「克行はじだんだを踏んでいるのではないか。菅が首相になったら、官房副長官ぐらいの目はあったからな」。ある捜査関係者は克行の胸中を推し量る。実際、一連の疑惑が表面化するまで克行は出世の階段を駆け上がっていた。

参院選の公示まで2週間を切っていた19年6月22日午後、克行は広島市中区の繁華街の交差点にいた。官房長官だった菅が街宣車の車上から応援演説し、横で手を振る案里への支援を呼び掛けていた。新元号を発表し「令和おじさん」として存在感が高まる菅の来援で、熱気に包まれた。

一方で克行はこの街頭演説の数時間前、「裏仕事」にいそしんでいた。午前10時半ごろ、同市安佐北区の水支援者の男性宅を訪れると、あいさつもそこそこに居間へ。「またお世話になります」と案里のポスターなどを手渡し、去り際に封筒を座卓の上に置いた。5万円が入っていた。男性は返そうとしたが、「これまでお世話になっていますから」と取り合わず、車で去った。区内の別の支援者方でも5万円を渡した。

秘書らによると選挙戦を仕切ったのは克行だった。表舞台では菅や安倍、自民党幹事長の二階俊博(81)ら政権幹部が続々と応援に入り、政権との近さをアピール。党本部から1億5千万円の支援も受けていた。水面下では地方議員や後援会員に現金を提供。拒む人には「安倍さんから」「二階さんからです」と言って現金を渡したこともあった。

同年7月21日の投開票日。案里は、党広島県連の主流派が推した現職の溝手顕正(78)を抑えて初当選。克行は同9月の内閣改造で法相として初入閣した。

「おごり」の声も

さらなる高みへ歩み始めたが、翌10月末、案里陣営が車上運動員に法定以上の報酬を払った疑惑が報じられ、克行は法相を辞任。その後、検察が捜査に着手した。巨額の買収容疑が浮かび、克行と案里は今年6月に逮捕された。8月に公判が始まり、2人は無罪を主張。克行は臨時国会の前日の15日、6人の弁護人全員を解任し公判は中断した。

国会議員が自ら現金をばらまいた前例のない事件。克行をよく知る地元議員は「普段から政権との近さを鼻にかけとった。俺は逮捕されんと、おごりもあったんじゃろ」と突き放した。（敬称・呼称略）

河井案里陣営を巡る公選法違反事件の経過

※2019年	
3月13日	自民党が参院選広島選挙区の候補者として案里を公認
7月4日	参院選公示
21日	広島選挙区で案里が初当選
9月11日	案里の夫の克行が法相に就任
10月31日	車上運動員への違法報酬疑惑が報じられ、克行が法相を辞任
※20年	
1月15日	広島地検が克行と案里の事務所などを家宅捜索
3月3日	車上運動員の違法報酬事件で広島地検が秘書ら3人を逮捕
下旬	広島地検が大規模買収事件の本格捜査に着手
6月18日	検察当局が克行と案里を逮捕
7月8日	検察当局が2人を起訴
8月25日	東京地裁で両被告の初公判。2人は無罪主張

クリック

参院選広島選挙区　2議席が改選され、通常は自民党と野党が議席を分け合う無風区。しかし昨年7月の参院選では、「2議席独占」を掲げる自民党本部が党広島県連の反対を押し切り、県議だった河井案里を擁立。県連主流派が推す現職の溝手顕正と、野党系の無所属現職の森本真治との激戦となった。自民党本部は溝手分の10倍の1億5千万円を案里と克行側に提供するなど全面支援。森本と案里が当選し、6選を目指した溝手が落選した。

キャンペーン報道「決別 金権政治」
第1回紙面（2020年9月26日朝刊）

第6章／被買収者

あのカネは暴力

カネで票を買い、選挙の公正をゆがめる買収行為は、カネを渡す人と受け取る人がいて成り立つ犯罪だ。渡された側が「こんなカネは受け取れない」と断れば、買収は成立しない。だが残念なことに、河井夫妻から現金を渡された人たちの大半が受け取っていた。

70代の男性は、取材で自宅を訪ねてきた中川雅晴を玄関先に招き入れると、ドアノブを握ったまま泣き崩れた。

「わしの弱さじゃったんよ……」

扉に頭を打ち付け、おえつを漏らす。検察当局が大規模買収事件の捜査を本格化させていた２０２０年4月の夜、克行からの現金授受をこうして初めて打ち明けた。

男性は、克行が当選を重ねてきた衆院広島3区内のまちづくり団体の代表を務めていた。政治家との付き合いも必要と考え、地元の広島県議、市議とも親しい。過去には克行の後援会員だったこともある。中川は以前、まちづくりの取材で世話になった縁があり、検察取材の合間を縫って自宅を訪ねた。

参院選を3カ月後に控えた19年3月29日、男性は地元県議の県議選出陣式に顔を出していた。式が終わり、県議が選挙カーで遊説に出発して間もなく、克行が突然現れた。男性が県議は遊説に出たことを伝えると、克行は男性を物陰に誘い、上着のポケットに封筒を突っ込んできた。その後すぐに立ち去った。男性が封筒の中を確認すると、30万円が入っていた。

一瞬の出来事。それは暗転の始まりでもあった。

「あの場で返しとけばよかったんじゃ。まちづくりへの影響が怖くて。情けない」

男性は涙を流し、ぽつりぽつりと言葉を継いだ。被買収の容疑で繰り返し検察当局の聴取を受けたという。

男性にとって「まちづくり」は生きがいだった。高度成長期にがむしゃらに働き、手に入れたマイホーム。子どもは巣立ち、老後は地域のために尽くそうと決めていた。

地域の公職を複数務めているが、自分が「被買収者」だとは打ち明けられずにいる。

「わしにはもう地域活動をする資格はない」

男性は声を震わせた。中川は、克行の「ばらまき」が地域に与えた波紋の大きさを感じた。

案里を当選させるために克行が現金を配ったとされる100人のうち、40人は県内の政治家で、残りのほとんどは後援会員や支援者といった一般人。その多くが自治会役員や市民団体の代表のような、地元の「顔役」の人たちでもあった。

「あのカネは暴力。多くの人の人生を狂わせた」

別の70代の後援会幹部の男性は憤る。参院選前月の19年6月、自宅を訪ねてきた克行から10万円を渡された。翌日に現金書留で送り返したが、胸の中にもやもやを抱えたまま、案里の選挙を手伝った。

その年の10月末、案里陣営が車上運動員に法定を超える報酬を払った疑惑が報じられると、男性の疑念は確信に変わった。直後に克行は法務大臣を辞任。雪崩を打つように大規模買収事件へと発展し、男性も複数回、検察の取り調べを受けた。

現金を受け取ったことは、今も家族ら数人にしか明かしていない。身もだえるような日々が続く。

克行からは19年11月、ほんの数秒だけの電話があった。

「ご迷惑をおかけしています」

そんな言葉だけでは拭えない悔しさや悲しさが、男性の胸に募る。

事務所ぐるみ

こうした買収工作には、河井夫妻が現金を直接渡すケース以外に、事務所のスタッフが加担したものもあった。

19年6月上旬、克行の後援会員の女性は困惑していた。数日前、安佐南区の自宅を訪ねてきた克行から、現金5万円入りの封筒を渡されたからだ。長年、選挙活動を手伝ってきたが、現金を渡されたのは初めてだった。

たまらず、案里の公設秘書に電話をかけ、「克行さんがお金を置いていっちゃったんよ。どうしようかね」と相談した。秘書は「いいんじゃない。好きなもん買いんさいや」と、軽い口調で返してきた。

翌7月の参院選では、後援会のはがきの整理など事務作業を手伝った。案里は当選し、県議から参院議員への転身を果たした。女性は2カ月後、保管していた5万円を使い、東京へ遊びに行った。当選祝いで案里にも会うつもりだったが、当日は出張中で会えなかった。5万円は旅費や食事代、土産代に消えた。

ところが20年4月、検察から突然の呼び出しがあり、あの5万円を受け取ったことで自分が「被買収者」の立場にあると知らされた。「善意で手伝っていたのに……。受け取った私が悪いが、電話で秘書に相談した時に、『返して』と言ってくれていたら」との思いも頭から離れない。

この秘書は、女性から相談の電話を受けた約1週間後の19年6月16日、案里とともに広島県江田島市内をあいさつ回りに訪れた。案里は、同市議の胡子雅信（48歳）から紹介されたカラオケ大会に飛び入りで参加。おはこの演歌を熱唱した。その傍らで秘書は、会場にいた胡子に現金10万円を手渡した。

「買収」への加担は他の秘書も同様だった。克行の公設秘書も同月9日、安佐北区の女性支援者宅を克行に続いて訪れ、克行の指示で5万円を渡した。女性は「特に言葉はなかった」と述懐する。

居座る大物県議

河井マネーは、このように夫妻の政治活動を長年支え続けてきた後援者を窮地に追い込んだ。一方で、現金を受け取った広島県議や市町議、首長といった政治家は、政治責任を認めて辞職した者もいたがそれは少数で、多くは職にとどまっていた。

広島県議会で最多の当選12回を数える元議長、奥原信也（77歳）。19年秋に案里陣営の選挙違反疑惑が浮上して以来、中国新聞の取材に現金の授受を否定し続けたが、20年6月下旬、一転して計200万円を受け取ったと認めた。

この時期、被買収者とされる首長や地方議員が次々と報道される中、奥原もその流れに抗えず認めたのだった。200万円は、現金を受領したとされる40人の政治家の中で最高額だ。

「自分が起訴されれば、辞職しようと思う」

奥原は苦しそうに胸の内も明かした。

ところがそれからしばらくたって、奥原の表情に6月下旬に見せた暗さはなくなった。検察当局が被買収者の刑事処分をする動きを見せない中、複数の関係者によると、奥原は周囲に「検察が処分しない以上は辞める必要はない」と言ったという。

いったん辞退する意向を申し出た自民党県連顧問のポストも「引き受けたい」と翻意。最終的に顧問の職が廃止されたため無役となったが、同僚県議らは口々に「明らかに元気を取り戻している」と語った。県庁の議会棟の控室から一度は持ち出した荷物も、元に戻した。

だが、奥原は前述の前知事後援会不正事件で、陣営の元秘書のメモで「対策費」を配られた現職県議として名前を記されていたうちの1人だ。

疑惑は解明に至らず幕引きとなった一方で、県議会は07年、議員の行動規範として「公正を疑われるような金品の授受」などを禁じる政治倫理条例を全会一致で制定した。罰則規定はないが、政治倫理について疑惑が生じた場合には「真摯かつ誠実に事実を解明し、その責任を進んで明らかにしなければならない」と明記。条例違反の疑いがある場合には実態を調べる審査会を設置でき、議員辞職勧告などの措置を県議会に求めることができるとも定める。

64人が在籍する県議会では、13人が河井夫妻から現金を受領したとされる。そのうち、奥原をはじめ07年に現職だった8人は、県議会の一員として条例の制定に賛成した。

しかし、今回の大規模買収事件が発覚して以降、13人が法廷以外の場で説明責任を果たそうとする姿勢は乏しい。後述するが、現金受領者の名前は20年8月の河井夫妻の初公判で明らかになった。なのに、県議会が審査会を設置したのはその半年後だった。審査を請求したのは非自民党系の2会派。自民党系会派の動きは鈍かった。

「議員は条例の精神を忘れたのか。有権者の負託を受けた以上、法廷以外の場でも自ら事実をつまびらかにし、その声に耳を傾ける責任がある」

条例制定を議会改革推進委員長としてリードした元県議の弁護士、間所了（まどころさとし）（80歳）は古巣に批判の目を向ける。

初当選の時から

克行の後援会の女性は首をひねる。

「克行さんは、昔からお茶の一杯も出さないくらいお金に厳しい。なんでお金を配ったのかわからない」

同じような「克行評」は、後援会員たちから数多く聞かれる。

だが一方で、違う一面を知る後援会員もいる。

19年5月、広島市安佐北区に暮らす後援会員の男性宅に克行が突然現れた。「激戦だから読んでおいて」と、二つ折りにした週刊誌の記事のコピーを置いて帰った。コピーを開くと、案里が自民党公認で立候補を決めた19年7月の参院選の情勢が書かれていた。隠すように5万円入りの封筒が挟んであった。

かつての記憶と重なった。野党だった自民党が政権奪還を目指した12年の衆院選。公示前、克行の事務所に呼び出された。当時、克行の選挙区である衆院広島3区では民主党の議員が議席を得ていた。この時も克行は「交通費だから」と封筒を差し出してきた。男性は断ったという。


克行は衆院選で7回の当選を重ねてきたが、第2章で述べたように選挙には強くない。国政初挑戦の1993年は落選。小選挙区制が導入された96年は広島3区から立ち、初当選したが、次回の2000年は、無所属で立候補し後に自民党入りした増原義剛に敗北を喫した。

前述した通り、自民党は03年、克行と増原を共存させるため、小選挙区と比例代表の候補者を衆院選ごとに入れ替える「コスタリカ方式」を広島3区で採用した。比例代表に回った候補者は比例名簿の上位に遇されることが多く、ほぼ確実に当選できる。小選挙区で出る候補者は選挙を通じて地元の有権者とのつながりを深めるチャンスに恵まれるが、当落は時の世論にも左右される。

克行が男性に「交通費」を渡そうとした12年の衆院選は、比例代表から広島3区に転じ、民主党からの議席奪還を目指す重要な選挙だった。

「過去の落選への強い恐怖がそうさせたんだと思う」と男性。克行が現金を持ってきた12年の衆院選と19年の参院選。激戦だったことが共通する。


この男性のように、複数回の選挙で現金を受け取った後援会員が少なからずいた。

カネの力に頼る選挙はいつからなのか。克行の元男性秘書は1996年の衆院選を思い起こす。

当時、地元の秘書だった男性は衆院選公示前、選挙区内のベテラン地方議員に菓子折りを手渡しにいった。克行の指示だった。

「もみじまんじゅうだったか、煎餅(せんべい)だったか。もう中身は忘れたね」

だが、菓子箱に現金入りの封筒をしのばせていたことは覚えている。

「カネの威力はわかりやすい。明らかに相手先の先生の対応は良くなった。政治の世界はこれが普通なんだと思いましたよ」

元秘書は、克行が国会議員に初当選したこの衆院選が「源流」だと思っている。こうした〝力〟を頼りに、浪人中だった克行は衆院議員としての道を歩み始める。

「宝の地図」と不公平

広島地検が入る広島法務総合庁舎（広島市中区）で、ある広島県議が検事の任意聴取を受けていた。

「ターゲットは河井夫妻。先生には政治家を続けてもらいたいと思っている」

取り調べを終えた検事は、県議にこう告げたという。2020年4月のことだった。

検事は明言こそしなかったが、県議のことを起訴しない雰囲気を前面に出して取り調べを進めた。県議はそれを感じ取り、参院選の3カ月前に克行から現金を受け取ったと供述。違法性も認めたという。

検察当局は20年7月8日、100人に現金を渡したとして克行と案里を起訴した。一方で、公選法では現金を受け取った側も罪に問われるが、この県議を含めた「被買収者」の100人は起訴されなかった。

なぜ検察当局は被買収者を起訴しないのか。一方的に現金を渡された人が多く、一部は返金した点も考慮したとみられるが、捜査関係者が最大の理由を明かす。

「正直に認めた議員だけが、ばかを見る事態は避けなければいけない。『宝の地図』にはもっと載っているんだから」

「宝の地図」とは、検察当局が20年1月の家宅捜索で広島市にある河井夫妻の自宅から押収した「買収リスト」を指す。地方議員や首長、後援会員ら100人以上の名前と金額とみられる数字が書かれていた。

検察当局はこのリストに基づき、政治家らを任意で聴取。多くが現金の受け取りを認めた。認めない場合は自宅などを家宅捜索し、検察の「本気度」を示した。当初は否定していた複数の議員が一転して、現金を受け取ったと認めた。

一方で、否認を続ける議員たちもいた。地方議会の議長経験者などの「大物」も含まれ、リストに書かれた数字は他の議員と桁が違っていた。検察は聴取を繰り返したが、本人の供述を崩せず、起訴するだけの証拠は揃わなかった。

そうした中、「高額の被買収が疑われる政治家が起訴できない中で、正直に供述した人だけを処分するとバランスが取れない」と捜査関係者。その結果、少なくて10万円、多くて200万円を受け取った県内の政治家を含め、被買収者全員の刑事処分を見送る方針になったのだという。

「県民の不信感は高まる一方だ」

広島市の市民団体「河井疑惑をただす会」の事務局長、山根岩男（69歳）は憤る。

「公選法は『現金を受け取った側も罪に問う』と規定している。法廷で個別に刑の重さを判断するべきだ」

同会は、週刊文春が案里陣営の車上運動員の違法報酬疑惑を報じた翌月の19年11月に設立された。克行の地盤である衆院広島3区内を中心に、60歳以上の有権者15人程度で構成。克行と案里から現金を受け取ったとされる100人について、公選法違反（被買収）容疑で広島地検に告発状を提出していた。

広島県警のある幹部も「県内の地方選挙では、一般人の数万円の被買収で罰を取ってきた。しかも『罰を取れ』と言っていたのは検察なのに」と矛盾を指摘する。

「わしはすぐに現金を返したが、罰せられた。納得できん」

広島県三原市の離島に暮らす70代男性は、今回の検察の対応に疑問を抱いている。男性は13年、島を舞台にした買収事件で現金40万円を受け取った被買収者。受け取った翌日には買収側の市議に返金したが、広島地検は公選法違反罪で略式起訴し、男性は罰金20万円を払った。公民権も5年間停止となり、その間、選挙への投票ができなくなった。

「今回の事件だけ、カネをもらってもおとがめなしなんは、なんでかの。政治家の先生は偉いからかのう」

処罰の公平性が揺らいでいると男性は感じている。

辞職は40人中8人

中国山地に抱かれた広島県北広島町の町議会の議場。20年9月16日、前議長の宮本裕之（みやもとひろゆき）（61歳）は議員辞職を議長に申し出ると、一礼して議場を後にした。辞職は全会一致で認められた。

宮本は同町議会の議長をしていた19年3月、克行から20万円入りの封筒を渡された。断ったものの、置いて帰られた。その年の夏に返したが、20年春、検察から任意で聴取された。自宅に非難の電話がかかり、議会事務局には辞職を求める声が寄せられた。そして20年7月20日に議長を辞任していた。

報道陣から議員辞職の理由を問われると、「政治的、道義的責任を取り、町民に対し、けじめをつけた」と語った。

現金を受け取ったとされる県内の政治家は40人に上り、ここまでに8人が辞職した。安芸高田市や安芸太田町など、有権者との距離が近い中山間地域の首長や議員に集中している。一方で、それぞれ13人の「被買収者」がいる県議会と広島市議会で辞職した議員はいない。「一方的に置いて帰られた」などと釈明し、続投の意欲をみせる議員も多い。

「辞めていくのは田舎の議員ばかり。なんで河井夫妻や県議、広島市議は辞めんのか。正直者がばかを見とる」

いち早く職を辞した元議員は不満を漏らす。

前述のように、検察が現金受領者の刑事処分を見送る方針であることも影響している。ある広島市議は「罪に問われないなら辞める気はない。説明責任は法廷での証言で果たす」と悪びれた様子はない。

現金受領者の法廷証言が始まったのに前後して、各自治体では定例会が開かれた。広島市議会が現金受領者に説明を求める決議をするなど一定の動きがあった半面、県議会は責任追及の動きがないまま、10月6日に定例会を終えた。

「裁判での証言と有権者への説明責任は別物。まずは議員が有権者に説明しなければならない」

前出の広島大大学院准教授の茂木康俊（行政学・政治学）はくぎを刺す。

「その上で議員として求められる役割を果たせるかどうかを考え、進退を含めた政治的責任を自分自身で判断し、果たすべきだ」

第7章／自民党の根深い金権体質

実は溝手からも

「溝手側もカネを配ろうとしたらしい」

大規模買収事件の取材を続ける中、そんな噂が地方議員の間で飛び交っているのを知った。

溝手とは、第1章で記した、2019年の参院選で河井案里と争い、落選した自民党の元参院議員、溝手顕正のことだ。落選後は政治の表舞台に出ることは少なくなり、案里陣営の大規模買収事件が表面化して以降は、河井夫妻に票をカネで奪われ、図らずも引退を余儀なくされた「金権選挙の被害者」というのが溝手評となっていた。

河井夫妻が逮捕された後の20年6月。県政チームの樋口浩二は、元県議会議長の奥原信也と向き合っていた。

奥原は河井夫妻から計200万円を受け取ったと認めた上で「河井だけじゃない。溝手からもあったんで」と参院選の前に50万円が振り込まれた事実を明かした。

奥原はこの50万円を政治資金収支報告書に「政党支部間の交付金」として記載しており、領収書も発行している。政治資金規正法上の問題はない。ただ、選挙前に現金を配るという点においては河井夫妻と同じ。公選法上の買収罪に抵触する可能性がある。

9月17日、樋口は再び奥原を呉市の事務所に訪ねた。

以前、奥原から聞いた「溝手からの現金提供」について水を向けると、奥原は「選挙(参院選)の応援を頼む趣旨だと感じた」と説明。溝手側の買収の意図を感じたと認めた。こうした溝手からの寄付は、これまではなかったとも話した。

その際、県選管に提出したという政治資金収支報告書の写しも確認できた。溝手が代表を務める「自民党広島県参院選挙区第二支部」から、奥原の後援会長が代表の「自民党呉第一支部」に19年6月3日に50万円が入金されたとの記載が確かにあった。

奥原は参院選では、溝手と案里の双方を支援。溝手に対しては出発式に出たり、選挙期間中の決起集会に参加したりした。応援マイクも握った。溝手陣営の求めに応じて、支援者に溝手を紹介する推薦はがきも500枚用意したという。

取材班は、溝手陣営が奥原だけでなく、広島市議会の自民党市議にもカネを渡そうとしていたとの情報もつかんでいた。和多正憲は、ある市議から証言を得た。

あらましはこうだ。19年7月の参院選の約2カ月前、溝手の秘書が市議会棟を訪れた。秘書は市議に「会派の先生の党支部に活動資金を配ろうと思う。どこの口座に振り込めばいいか」と尋ねてきたという。

この市議は当時、すでに克行から現金を渡されていた。溝手側からの資金提供の申し出も「危ないカネとぴんときた」と明かした。

市議は「みんな溝手さんをやるんじゃけ、もの前にばかなことをするな。誤解されるんじゃけ」と一喝したという。「もの」とは選挙、すなわち間近に迫った参院選のことを意味する。秘書はこう説明したという。

秘書「正式に領収書を切りますし、問題はありません」

市議「もの前にするな、そりゃ油断じゃ。わしは貧乏しとらん。うちの会派はいらん」

市議は「案里が2人目で公認されとるけえ、溝手さんも危機感あるんじゃろうなと思った」と振り返る。長く溝手を応援してきたが、選挙前に資金提供を持ちかけられたのは奥原と同様、初めてだったという。

かつて市政チームのキャップ経験もある野田華奈子も、自民党市議を中心に取材して回った。やはり、複数の市議から「溝手側から活動費の振り込みについての打診があった」「手続き上は政党支部間のやりとりで合法にするつもりでも、『選挙よろしく』という趣旨以外にないじゃろう」

「表のカネとして処理すれば、わからんのじゃけえ」との証言が得られた。

溝手側は少なくとも自民党系の3つの会派の議員にアプローチしていた。大半の市議が受け取る意思を持って対応し、一部の会派では各議員の振込先を取りまとめる動きまで進んだ。

だが、カネの振り込みはなかったという。ただ、取材したいずれの市議も「河井も溝手も結局は同じ」と受け止めていた。参院選前に実際にカネをまいたか、まかなかったかの違いだけで、双方ともカネで選挙の応援を頼もうとする買収的な発想は一致していた。

外堀を埋める取材はできた。樋口、和多、野田の3人は、溝手の秘書を訪ねることにした。

20年10月30日の昼過ぎ、3人はJR三原駅に降り立った。駅から程近い所に溝手の事務所はある。溝手は三原市内の造船会社社長を経て、1987年の市長選で初当選。2期目の途中で参院議員への転身を果たし、その後5回の当選を重ねた。瀬戸内海に面した三原市は、溝手にとって政治家としての「原点のまち」である。

平屋の事務所の応接間で、3人の記者が秘書と向き合った。参院選前の金銭提供に関して、と取材趣旨は伝えていた。

「2019年分の収支報告書を、可能な範囲で教えてもらえないでしょうか」

樋口がこう持ちかけると、秘書は「構いませんよ。大したお金は出てない。奥原さんの分だけよ」と、19年分の政治資金収支報告書の写しを見せてくれた。原本はすでに県選管に提出済みで、約1カ月後の11月末までに県選管が公表するものだった。

　和多は収支報告書がとじられたファイルをめくり、奥原からの領収書を探した。奥原が樋口に示した収支報告書が「本物」であるならば、溝手側は奥原からの領収書を持っているはずだ。

　領収書は確かにあった。溝手が代表を務める「自民党広島県参院選挙区第二支部」から、奥原の後援会長が代表の「自民党呉第一支部」に寄付金として50万円が渡っていた。日付は19年6月3日。参院選の約1カ月前に党支部を経由する形で奥原が溝手から50万円を受け取っていた事実は、間違いなさそうだ。

　秘書は悪びれる様子もなく、淡々と状況を説明した。50万円を振り込んだきっかけは「奥原県議に要求されたと別の秘書から聞いている」と説明した。「事務所から一方的に振り込んだわけではない。口座番号も知らなかった。口座番号は、その秘書のメモに書かれていた」とも述べた。

　収支報告書には政治活動費の交付金と記載しており、「法的には何も問題ない」と強調。参院選での支援を依頼する意図も全否定した。

　和多は念押しで「7月が選挙で、6月に振り込まれている。（政治資金規正法上は）合法でも、選挙が近いから誤解されるんじゃないかという懸念はなかったんですか」と聞いた。秘書は「ないことはないが、あまり気にしてなかった」と答えた。

　もう一点、確認しなければならないことがあった。広島市議への資金提供の打診の件だ。事前の取材で、この秘書が19年5月に市議会棟を回っていたと裏を取っている。野田が「参院選の前に、自民党系会派の市議に活動費の振り込みを持ちかけていますよね」と切り出した。

「持ちかけた。やめたけど」

またも秘書はあっさりと事実を認めた。さらに詳しい説明を続ける。

「自民党の市議会に通常なら県連から流れるはずの活動費が流れないから、こっちから流そうとした。けど、やっぱりちょっと危ないなということでやめた」

秘書が口にした活動費とは、自民党県連が県議や市議らに定期的に交付する政治活動費を指している。

党県連は通常、夏冬の年2回ほど、県議や市議らの党支部に政治活動費を振り込む。ただ、3年ごとの参院選のある年は「党勢拡大」名目で1回分を上積みしてきた。金額は議員によって異なる。中国新聞が各議員の政治資金収支報告書を調べたところ、前回の参院選があった16年でみると、参院選がなかった18年と比べて、市議と県議の少なくとも計65人に各10万円から60万円が増額されていた。

前述したように広島選挙区は通例、与野党が改選2議席を分け合う「無風区」。当然、自民党の公認候補は1人で、党県連内もまとまりやすい。自民党の県議や市議は自分の選挙区内に党の公認候補が遊説に入った時に、選挙カーの先導役をしたり、街頭演説の場に支援者を集めたりして応援する。党県連が政治活動費を上積みするのは、党勢拡大という漠然とした目的のためであると同時に、こうした具体的な活動を県議や市議に促す趣旨も込められているという。

しかし、19年の参院選は自民党県連にとって分裂選挙となった。異例の選挙となった中で、恒例だった上積み分の支給が見送られていた。その分を溝手陣営で出そうと思い、市議への働きかけに動いたという。県議への働きかけも予定していたとも打ち明けた。

野田が「やはり現金が出ると、県議、市議はよく動くのですか。現金の効果はあるものなのですか」とストレートに質問すると、秘書は「あるもんですよ。全員とは言わないが、ないと絶対にやらんという人もいる」と明かした。

途中で取りやめた理由について、質疑は続いた。

野田「時期的に誤解されかねないということでしょうか」

秘書「そうです。公選法違反に触れるかもと。自民党の県議、市議にぱっと行ったら、いくら政党支部間とはいえ買収に当たるかもわからん」

野田「県連からだと（趣旨を）ぼかせるが、立候補者の党支部からだと問題になるというのが大きかったのですか」

秘書「そうです」

結果として、溝手側からは奥原だけに活動費として50万円が渡った。この金額は、参院選があった13年と16年に県連から奥原側に振り込まれた活動費の上積み分と同額だった。

秘書の取材が終わり、事実関係はほぼつかめた。最後はやはり、溝手本人の話を聞く必要がある。和多は20年11月5日夕、広島市内にある溝手のマンションを訪ねた。

インターホンを押すと、溝手の妻が出た。溝手は不在で「いつ戻るかわからない」と言われた。

和多は本人にすぐには会えないことも想定しており、用意しておいた手紙を「ご主人に必ずお渡しください」とお願いして、名刺と一緒に郵便受けに入れた。

手紙には、交付金50万円に関して「奥原県議から秘書に要求があったというのは事実ですか」「参院選前の買収目的と受け取られかねないが、見解をお聞きしたい」など4項目の質問を書き添えておいた。

……直接取材がかなわなくとも、せめて電話か文書での回答があれば。そう願った。

翌6日朝、中国新聞本社に先日取材した秘書から連絡があった。「事務所の窓口は私です」と溝手への接触をやめるよう求められた。「溝手はもう一般人だから」とも。和多には、その言葉が「説明責任」を避けるための言い訳に聞こえた。


一連の取材で、「資金はどちらからの要請を発端とするか」の点で奥原と溝手の見解の食い違いが浮かび上がった。

奥原は「私からカネを要求した事実はない。一方的に振り込まれた」と強調。一方で、溝手側は「奥原側に要求された」と説明した。

並行して中国新聞が溝手と奥原が関係する政治団体の過去10年分の政治資金収支報告書を調べたところ、この間に交付金や寄付のやりとりはなかった。

溝手の所在は引き続きわからなかった。ただ、できる限りの取材は尽くした。まずは11月11日の朝刊に、中国新聞による調査報道の独自ダネとして溝手から奥原への50万円に関する記事を1面と

中國新聞

11月11日（水）

中国新聞社

中国新聞デジタル

溝手氏、広島県議へ50万円

元議長の奥原氏　参院選前月に

専門家「買収の可能性」

決別　金権政治

奥原広島県議への現金提供の構図

異例の資金提供　説明を

中國新聞

11月12日（木）

中国新聞社

中国新聞デジタル

資金提供　広島市議へ打診

溝手氏側　参院選2カ月前

「買収」懸念　実行せず

決別　金権政治

金を介す関係浮き彫り

溝手顕正の疑惑を報じる紙面
（右上／2020年11月11日朝刊、左下／12日朝刊）

社会面のトップで大きく報じた。

記事が載った11日、各新聞、テレビとも後追い取材に走った。

さらに、第2弾の記事を12日付の朝刊に出稿した。溝手が複数の広島市議に資金提供を打診していた話だ。奥原への50万円と同様に朝刊の1面トップに本記、社会面トップでサイドを載せた。

資金の提供方法が違うとはいえ、同じ選挙区で争った自民党の候補者側が選挙前のほぼ同じ時期に同じ県議に金銭を渡したのに、河井夫妻は刑事責任を問われ、溝手陣営が刑事責任を問われていない。取材班は、この状況に釈然としない思いを抱いた。

同時に、自民党が持つ根深い金権体質と法制度の問題点がはっきりと見えた。

宮沢洋一、疑惑の領収書

その取材のきっかけは20年春、中国新聞社に届いた1通のメールだった。元経済産業大臣で自民党広島県連会長の宮沢洋一が代表を務める「同党県参院選挙区第六支部」が、県議側に出した政治活動費を巡る内容。実際は19年7月の参院選前に提供したのに、県選管に提出した政治資金収支報告書には参院選後に提供したと記載しているのではないか、との指摘だった。

宮沢は、案里と争った溝手の選対本部長だった。参院選前に宮沢から県議へ現金が提供され、その趣旨が溝手への集票依頼だったならば、案里同様に買収の疑いがあるのではないか、しかもその記載を事実ではない時期に移している、とメールは告発していた。

そこから半年たった20年11月20日、県選管が19年分の政治資金収支報告書を公開した。宮沢の支部の報告書を見ると、県議11人の党支部などに政治活動費として各20万円を出していた。参院選後の19年11月18日付の支出と記されていた。

20万円を受け取った県議側の収支報告書も確認した。10人は受領日を11月18日と記載していたが、1人は参院選公示の3日前の7月1日としていた。この県議を取材すると、「単なるミス。他の報道機関から指摘を受け、宮沢事務所に確認して11月18日付に訂正した」と回答した。ただ、20万円を交付された具体的な経緯を尋ねると、回答があやふやとなった。

記者「20万円は手渡しですか、振り込みですか」

県議「覚えていない」

記者「20万円を交付する趣旨の説明は、誰から受けたのですか」

県議「覚えていない」

記者「領収書は」

県議「切ったのはわしじゃろう。どうやって渡したとかは覚えていない」

取材を広げると、この県議の他にも、多忙を理由にファクスで「収支報告書に記載した通り」としか答えないなど、詳細な説明をしない県議がほとんどだった。

一方で、別のある県議は参院選前の5月頃に宮沢側から現金入りの封筒を受け取ったという。こ

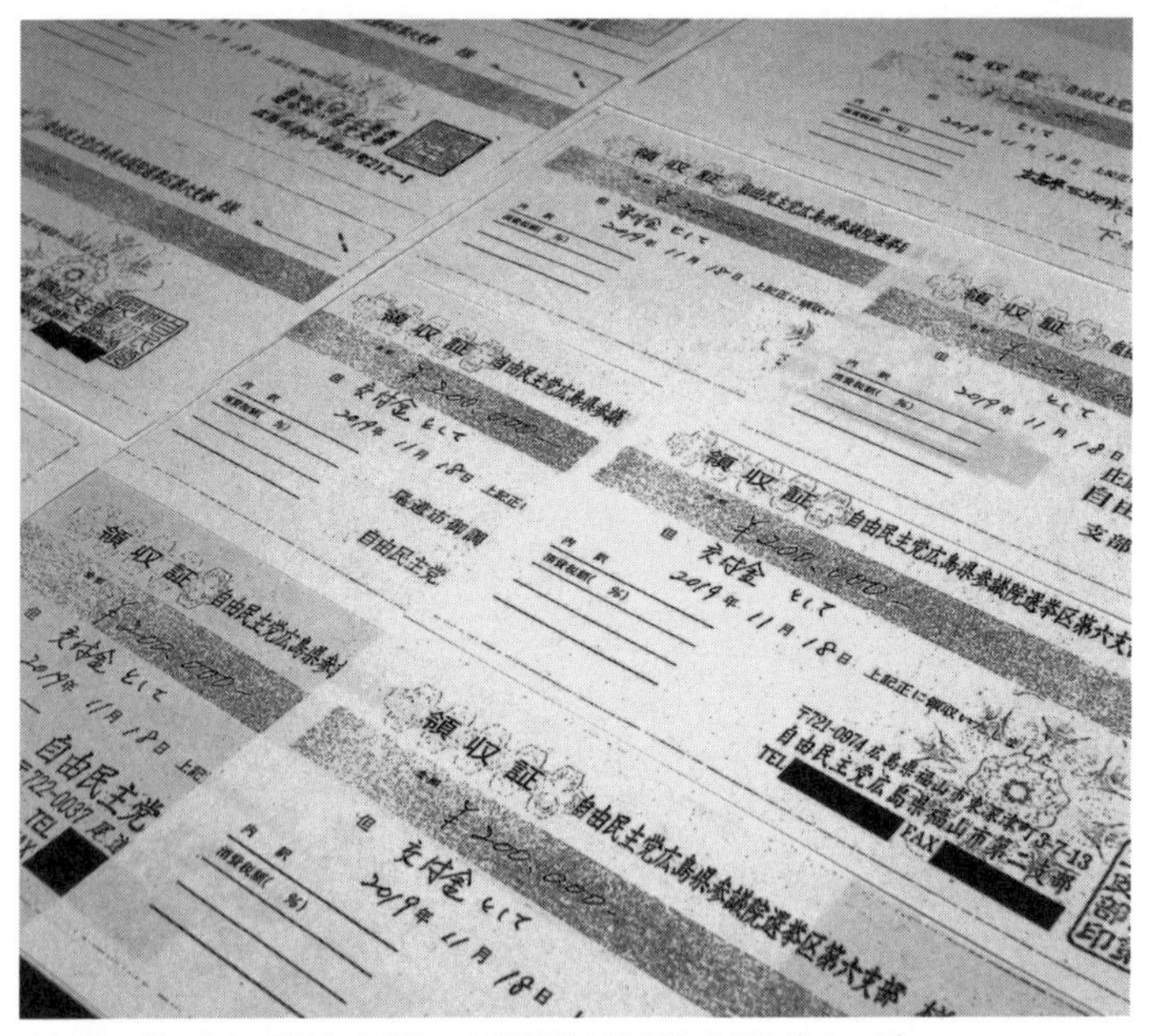

宮沢洋一側から20万円を受け取った県議側が発行した領収書のコピー。
発行元は違うのに、筆跡は同じに見える

の時は領収書のやりとりはなかった。その後、宮沢側から「11月18日」の日付と「20万円」の金額が記された領収書が届き、県議は押印して返送した。この県議は「今思えば、参院選の応援依頼の意味もあったのかなと思う」と語った。

宮沢の党支部は例年、県議への政治活動費をほとんど出していなかった。なぜ19年だけ11人もの県議に各20万円を出したのか。11人の領収書を見比べると、1人を除いて同じ用紙で作成され、宛名欄にある宮沢側の押印も同じだった。金額欄の「20万円」の文字も、本来であれば受け取った側の事務所がそれぞれ自分で書いたはずで、ならば筆跡もバラバラになるはずだが、なぜか同一に見えるのも気になった。参院選前に交付したカネが含まれるなら、虚偽記載として政治資金規正法に違反する可能性もある。

宮沢は中国新聞の取材に、地元の事務所が対応すると説明。事務所に取材を申し込んだが、対面取材には応じなかったため、5項目の質問状を送った。事務所からは「収支報告書通り、党勢拡大のための活動費として交付し、領収書を受け取りました」と記した回答が届いただけだった。

地方議員は集票マシン

国会議員が、危ないカネを渡してまで地方議員の歓心を買おうとするのはなぜだろうか。地方議員は、国会議員の「集票マシン」とも評される存在だからだ。ある自民党の広島市議はこう話す。

「国会議員は自分たちだけでは選挙ができない。地元に人脈を持ち、選挙を熱心にやってくれる町内会長や地域団体の代表といった『地域の顔役』と直接つながっているのは地方議員。だから、国会議員の選挙では地方議員が頼りにされるし、お金を配ってでも地方議員を動かそうとする」

選挙活動に関わろうとしない有権者が多い中、顔役は貴重な存在で、地方議員同士で奪い合いになるという。

河井夫妻の現金のばらまきと同列にはできないものの、国会議員の党支部が地方議員の党支部などに資金を提供するのは政界では一般的だ。

代表的なもので言えば、国会議員が年2回、地元の地方議員にお金を渡す慣行がある。夏の「氷代」、冬の「餅代」とも呼ばれる。政治資金収支報告書への記載と領収書の添付を条件に、政治資金規正法で認められている。

衆院広島2区選出の自民党議員・平口洋（ひらぐちひろし）（72歳）が代表を務める党支部は、選挙区内の県議と市議の党支部に対し、夏と冬の2回、それぞれ1人あたり最大10万円の政治活動費を振り込んでいる。収支報告書に記載し、県議や市議にも同様に記載を促す通知を出している。

平口の事務所は「地方議員は地域の課題に精通し、地元の声を吸い上げてくれる『懸け橋』のような存在。郵便代や電話代、車代など、政治活動に必要なお金として出している」と説明。その活動が党への理解者を増やし、ひいては衆院選に生かせる人脈の開拓や情報収集にもつながるという。

「常日頃が大事。衆院選があるからと急に訪ねても『都合のいい時だけに来て……』となる」

ところが19年の参院選では、河井夫妻、溝手陣営ともに選挙間近の時期になって、常日頃にはない形での資金提供に動いていた。別の自民党の広島市議は「選挙前に現金を配る理由は『よろしくね』ってこと。自民党の古くさい金権体質を改めないといけない」と強調する。

収支報告書は「隠れみの」

後述する河井夫妻の公判では、ご都合主義にも見える政治家の法解釈や振る舞いがあらわになった。20年10月、「被買収者」として法廷で証言に立った当選8回の広島県議、岡崎哲夫（65歳）がそこで持論を展開した。

岡崎の説明はこうだ。参院選が翌月に迫った19年6月5日、案里の夫、克行が岡崎の事務所を訪れ、「大変厳しい選挙です」と言って20万円入りの封筒を置いて帰った。岡崎は買収の意図を感じた。領収書のやりとりはなかった。にもかかわらず、自身の自民党支部の収支報告書に、克行の党支部からの20万円と記載した。

買収の疑いのある現金を報告書に載せた理由について、岡崎は「（買収の）趣旨が浄化されると感じた。違法にならないように処理した」と説明した。違法性のある金でも、報告書に載せておけば合法になるという考え方。だが、憲法を専門とする神戸学院大法学部教授の上脇博之は「誤った法解釈」と指摘する。

河井夫妻の大規模買収事件では、カネを受け取ったとされる100人のうち、40人が地方議員や首長などの政治家だったが、うち少なくとも10人が夫妻から受領した現金を交付金や寄付として収支報告書に載せていた。

法廷での証言や中国新聞の取材では、検察の任意聴取を受けて急きょ報告書に書き加えた議員が少なくとも4人いたほか、追加で記載した後に政治資金規正法違反（虚偽記載）になるのを懸念して削除した政治家も少なくとも2人いた。

呉市議の土井正純（55歳）はその1人。法廷での証言によると、当初、克行から受け取った30万円を収支報告書に載せていなかったが、検察の聴取を受けた4日後、寄付として30万円を書き加えて報告書を差し替えた。しかしその後、弁護士から「寄付と偽らない方がいい」と助言され、30万円の記載を削除したという。

収支報告書を「隠れみの」にするかのような政治家の動き。ある検察幹部はくぎを刺す。

「公選法は、当選目的で有権者にカネを配ってはいけないと規定している。検察がそれを立証できれば、買収罪で有罪になる。収支報告書に記載しているかいないかは関係なく、証拠があるかどうかの問題だ」

実際、河井夫妻の事件では、被買収者の名前と金額を記したとされるリストなどの物証を得た検察が関係者の供述を得て、河井夫妻を起訴した。収支報告書を隠れみのにさせないという検察の姿勢が表れている。

参院千葉でも

　河井夫妻による大規模買収事件は全国ニュースとなり、テレビの情報番組でも繰り返し取り上げられた。番組に出演した政治家や政治評論家は「広島ではまだこんなことが起きているんですね」「昭和のような事件」と酷評した。「こんな事件が起きて恥ずかしい」と話す広島県民のコメントもたびたび紹介された。

　取材班は、広島への冷たい視線を受け止めつつも「本当に広島だけの話なのか」という思いも持っていた。自民党本部の関係者から「今回のようなことが事件になるなら、自民党は選挙できないよ」という声を聞いていたからだ。つまり、「事件化されていないだけで、事件化されるような行為は河井夫妻以外にもたくさんある」ということだ。

「この参院選、全国のどこかで、案里陣営と似たようなことをやった自民党候補がいるかもしれない」

　そう考えた取材班は「政治とカネ」の公開情報の分析に力を注いだ。捜査関係者の間では「ブツ読み」と呼ばれるものだ。

　政治家は資金管理団体のほか、代表を務める政党支部や後援会といった複数の政治団体を持っているケースが多い。こうした政治団体への1年間のカネの出入りは政治資金収支報告書に記録し、総務省や都道府県選管に毎年提出。その後、公開される。参院選のあった19年の政治資金収支報告書が公開されたのは20年11月。保存期間は3年間だ。

取材班で唯一の20代の今井裕希は、和多の指導の下、「ブツ読み」を担当し、政治資金収支報告書の読み方のコツも覚えた。全国の候補者の収支報告書を読んでいく中で、目に留まったのは千葉選挙区の豊田俊郎(とよだとしろう)(68歳)だった。千葉県選管はホームページ上に過去3年分の収支報告書の原本を公表しているため、簡単に閲覧できた。

千葉選挙区は改選定数3。広島選挙区と同様、自民党から豊田を含む現職2人が立ち、複数の野党候補と競り合った激戦区だった。自民党と立憲民主党の現職が1位と2位で当選。3位争いは接戦の末、豊田が共産党新人を抑えて再選を果たしていた。党本部は参院選公示までに4700万円を豊田に提供。原資は税金による政党交付金で、党公認候補では案里の7500万円に次いで、全国で2番目に多かった。資金面を含めた党本部の支援で分裂選挙を制した案里陣営とは、共通点が多かった。

豊田が代表を務める自民党千葉県参院選挙区第六支部の19年分の収支報告書を見ると、19年2月末から参院選投開票直前の7月18日までに千葉県議や市議らが代表を務める政党支部や後援会など約80団体に総額1200万円を交付していた。

各団体への金額はまちまちだが、1回あたりの金額は30万円が最も多かった。自民党の県議が代表を務める政党支部には、参院選公示の前日に150万円を寄付していた。

カネの趣旨は何なのか。豊田本人に当たる前にまず、寄付の金額が多い議員や、受領時期が参院選の公示日に近い地方議員を中心に電話で聞いた。

「河井夫妻の事件を受けて、他県の状況を調べています。豊田氏の政党支部から受け取った交付金について教えてください」

取材の趣旨を話すと警戒する議員もいたが、多くは取材に応じた。参院選の公示の約1週間前に30万円を受領した千葉県議は「選挙応援の話はなく、党勢拡大のためのお金との認識」と説明。別のある県議は「参院選とは関係ないが、お金の趣旨はわからない」と話した。「党勢拡大のお金。広島の事件とは全く違う」と念押しする議員も複数いた。

参院選公示の前日に150万円を受け取った県議にも取材を試みた。何度か事務所に電話したが議員本人に取り次いでもらうことができなかったため、自宅に電話した。議員の家族に折り返しの電話が欲しいと伝えたが、電話はなかった。

「きちんとした理由があれば取材に応じるはずではないか」

今井は不信感を抱いた。

地方議員側への取材を経て豊田の事務所に電話をかけると、対応した事務所のスタッフから「取材の趣旨と質問をファクスで送ってほしい」と求められた。

①千葉県議や市議たちに寄付、交付金を支出した名目は何か。

②カネは手渡しか、振り込みか。

③公選法が禁止する買収ととられかねない懸念はなかったのか。

などの質問状を送った。翌日、豊田事務所から届いたファクスには「政治資金は、公選法や政治資金規正法などの法令に従い適正に処理し、収支報告しているところです」と書かれているのみで、個別の質問への回答はなかった。

自身の選挙の直前に資金提供をしているからといって、豊田から地方議員へ渡ったカネに買収の意図があると決めつけることはできないし、案里陣営とも同列にできない。一方で、自民党の候補者が参院選前に選挙区内の県議、市議側に資金提供をしていた点では案里陣営と似ている。

豊田側から資金を受け取った議員の中には、カネの趣旨がわからないと答える議員や、取材に応じない議員がいた。そもそも、支出した側の豊田が個別の質問に答えなかったのはなぜなのか。後ろめたい気持ちがあるからではないか。

政治資金の流れを国民に見えるようにして政治腐敗の防止を図ることを目的とする政治資金規正法の趣旨を考えると、疑問を感じる対応だと言わざるをえない。

前橋 直撃ルポ

「陣中見舞い」 自民の群馬県議、前橋市議選の複数候補に現金渡す

こんな見出しの毎日新聞の記事が21年2月28日、ヤフーのニュースサイトに載った。群馬県議会の前議長（選挙区は前橋市）が、前橋市議選（21年1月31日告示、2月7日投開票）に立候補を予定していた複数の現職市議に陣中見舞いとして現金を配ったと報じていた。

公選法違反の疑いがあるとして地元で問題になっているようだった。現金を受け取った市議が、

河井夫妻の事件が頭に浮かんで困惑して返金したと書かれていた点も気になった。今井が群馬県前橋市に向かった。

事の発端は、前橋市議選の告示まで1週間を切っていた1月下旬。現職の男性市議の事務所を自民党の群馬県議、狩野浩志（かのうひろし）が訪ねてきた。市議が不在と知ると、事務所のスタッフがいる前で無言で封筒を差し出し、机に置いて帰っていったという。封筒の中にはさらに封筒があり、現金5万円が入っていた。

当時は案里に有罪判決が言い渡された直後。この事件は、群馬県内の政界関係者の間でも話題になっていた。事務所に戻ってきた市議は、スタッフから「返した方がいい」と促されて翌日、封筒ごと返却したという。

今井がこの市議に取材を申し込むと、市議は「こんな所までわざわざ大変だね」と言い、取材に応じた。「広島ではお金を受け取り、私的に使った議員がたくさんいました。なぜ、すぐお金を返したんですか」との質問に、市議は「案里さんの件があったからだめなんだろうなと思って返した。やっべーから返した方がいいとなった」と打ち明けた。今井は河井夫妻事件の反響の大きさを改めて感じた。

現金を返した後、市議は市議選で再選を果たした。以前に狩野と付き合いはなく、陣中見舞いをもらったこともない。

「なんでお金を持ってきたかわからない。儀礼的なものではないか」

同じように現金の提供を打診され、「単純な陣中見舞いではない」と感じて断った市議もいた。自宅を訪れると、招き入れてくれた。

この市議によると、1月下旬、付き合いのない狩野から「陣中見舞いを渡したい」と連絡があった。市議は「カネをもらえば、弱みを握られるような感じになる」と考え、拒んだ。「次の市長選で味方を増やす意味があると思った」と推し量る。

人口約33万人の前橋市。狩野はこの県庁所在地を地盤とする5期目のベテラン県議で、自民党県連の幹事長や県議会議長を歴任。20年の市長選では、現市長に敗れた元県議を中心となって支えた。この対立構図は尾を引き、市議会では今も自民党系の会派が分裂している。

「カネは次の市長選のための仲間づくり」

この市議は、狩野の現金の趣旨をそうにらむ。

これに対し、市長選で狩野とともに元県議を応援した別の市議は反論する。

「陣中見舞いとして10万円を受け取ったが、純粋に応援の気持ちだったと思う。狩野県議は兄貴分的な性格だから」

領収書も渡しており、政治資金として処理するという。

一方で、市民団体「市民オンブズマン群馬」は、選挙区内での政治家の寄付を禁じた公選法に違反するとして、狩野の告発状を前橋地検に提出している。河井夫妻の事件が告発状の提出に踏み切らせた理由という。

「今回の疑惑は河井事件と一緒。現金をやりとりするのが選挙の共通認識になっているが、もうそういう時代ではない」と事務局長の鈴木庸（69歳）。「政治家は早くわかってくれよという気持ちだ」と訴える。

狩野にただそうと事務所を訪ねると、狩野は「純粋な陣中見舞い。違法ではない」と説明した。では、陣中見舞いは慣例なのか。詳しく聞こうとすると、「時期が来たら、ちゃんと説明責任を果たすので」と取材を打ち切られた。広島の政界で聞き飽きたフレーズだった。

東金　直撃ルポ

21年3月2日には、千葉日報の記事がヤフーのサイトに載った。千葉県東金市の市長が2月下旬、東金市議選（21年3月14日告示、3月21日投開票）の立候補予定者である複数の市議に陣中見舞いとして現金を配ったと報じる記事だった。中川雅晴が現地取材へ向かった。

4月1日。東京都心からＪＲで1時間半かけて東金駅へ。千葉県に入り、東金駅に近づく頃には、田んぼや畑が車窓から見えるようになった。広島県でよく見る光景にどこか親近感を覚えた。

市議会棟に行き、議員の控室をノックして回ったが、誰もいなかった。

「議会棟にいつ来るかわからない。議員が来たとしても、他の議員がいたら話すわけがないな」

中川はそう考え、一軒ずつ市議の自宅をレンタカーで回ることにした。

ある市議の自宅でインターホンを押すと、取材を受けてもらえた。

この市議によると、現金を渡されたのは2月27日昼過ぎ。市長の鹿間陸郎（しかまりくろう）の後援会員が自宅に来て、封筒を置いて帰った。市長は他の市議にもカネを持っていっていたため、夕方には騒ぎに。この市議が慌てて封筒の中身を確認すると、新札の3万円が入っていた。警察に届けようか、返却しようかと悩んだ末、3月1日に市幹部に市長への返金を頼んだという。中川は気になっていた点を尋ねた。

中川「河井事件は頭をよぎりましたか」

議員「そりゃ、もちろんよぎったよ。事件になるかと思った。騒ぎになっていくから怖くなった」

中川「『政治とカネ』に対し、有権者の視線は厳しさを増しているが、どう思いますか」

議員「カネに汚いというのは政治家にとって大ダメージ。信用がなくなってしまう。案里さんと同じ選挙前だし、言葉も同じ陣中見舞い。買収なんじゃないかと思いました」

別の市議にも尋ねると、あっさりと市長側からの現金受領を認めた。「私をフレンドリーにしたいのか、仲間にしたい趣旨だと思った」と明かした。領収書のやりとりはなかったという。

翌日もレンタカーで回った。ある市議の自宅を訪れると、「外で話しましょう」と誘われ、車で15分ほど離れたファミレスに向かった。ファミレスの奥まった席に移動し、対面で座ると、ささやくようにこう言われた。

「これ、その祝儀袋ですよ」

見せられた携帯電話には、市長側からの3万円入りの祝儀袋の写真が保存されていた。市長の自宅の郵便受けに返却した様子も映っていた。

市議によると、市長の後援会関係者が自宅に現れたのは、市議選告示を2週間後に控えた2月28日。候補者の勝利を願って署名して渡す「ため書き」とともに、「祈必勝」と書いた白い祝儀袋を手渡してきた。市議は深くは考えず、陣中見舞いとして受け取った。中には3万円が入っていた。領収書は求められなかったという。

ところが翌日、同僚の市議から「騒ぎが大きくなっている。選挙違反になるかもしれないから、返した方がいい」と電話が入った。

市議会は当時、市が提出した21年度当初予算案の採決を控えていた。

「議会対策の狙いもあったのかも」

市議は妻と市長宅に行き、郵便受けに3万円が入った祝儀袋を入れた。証拠としてその様子の撮影もした。

「お金については無防備だった。河井さんの事件があって、返そうと思ったんだ」と明かした。

市長から直接「ご出陣おめでとうございます」と1万円入りの封筒を渡された市議もいた。「市長が来て、悪い気はしない。仲間づくりと思った」と市議。市長の車の後部座席にはため書きが何枚も積まれており「市議全員を回っていたのか」と振り返る。

一方で、議長経験のある重鎮の市議は、市長側からの封筒を「ふざけるな」と断ったと証言した。

地方議会では特定の政党に属さない議員も多く、会派をつくって勢力争いをするのが一般的だ。首長との距離感も会派ごとに色分けできることが多く、議長などの人事は会派の離合集散でも左右される。この重鎮市議は当時、東金市議会の最大会派の中心メンバーで、市長との関係は悪化していた。

「予算案の採決直前に封筒を持ってきた。議会対策で予算案を通してくれという趣旨と思った」

同時に、来年の市長選を見据えた買収の意図も感じたと語った。


現地を巡る中で、たびたび耳にした言葉があった。

「金権千葉」

長年、千葉では自民党系の候補者同士が争う激戦の選挙では、「フダ（票）」を取るために「タマ（金）」が飛び交っていたという。1999年には千葉県議選を巡り、東金市選挙区で初当選した県議を支援した市議9人が有権者に現金を配ったなどとして公選法違反（買収、被買収）容疑で逮捕された。

「カネもなくて頼みごとができるか、という根強い金権体質が残っている」

野党系の元市議は「金権千葉」との汚名に憤る。この元市議も、有権者に選挙チラシを配った際に「チラシじゃない。別の紙を配らないと」と暗にカネを要求されたこともあったという。

市長も何かを頼む意図があったのか。市秘書広報課に市長との面会を求めたが、断られたため、市長の自宅で帰りを待った。

路上で待つこと2時間あまり。夕方に公用車で帰宅した市長に「中国新聞ですが……」と声をかけ、名刺を差し出した。驚いた様子の市長は、名刺の受け取りを拒絶。消え入るような声で「弁護士からコメントを控えるように言われていますから」と取材には応じず、自宅に入った。

河井夫妻の事件の余波も受け、相次いで表面化した前橋市議会と東金市議会を巡る「政治とカネ」の疑惑。

「表面化していないだけで、買収行為は今も全国どこにでもあるのだろう」

取材を終えた今井と中川は、確信に近い思いを抱いた。

制度のほころび

こうした政治家の金権体質が根絶されない要因として、選挙区が重なる政治家同士が資金をやりとりすることを認める法制度がある。

繰り返しになるが、政治資金規正法は、政治家が代表を務める政党支部や後援会といった政治団体同士が資金をやりとりすることを認めている。政治資金収支報告書に記載し、領収書を発行することが条件だ。政治団体間の寄付、交付金として処理されるが、実質は政治家から政治家への寄付である。

この制度を使い、政治家から政治家への寄付は全国で行なわれている。国会議員が年2回、選挙区内の地方議員らに渡す「氷代・餅代」が典型例だ。一方でこうしたカネには、買収の意図が含まれている場合もある。検察が立証できれば、公選法が禁じる買収、被買収罪となる。

「報告書に載せて、表のカネとして処理すれば、買収のカネとばれることはない」

一連の取材の中で、こう語る地方議員が何人いたことか。この法制度が買収の温床であり、抜け道や隠れみのになっているのは明らかだ。

河井夫妻の事件は全国的に繰り返し報道された。ただ、国会議員自ら100人に現金を配り回った事件の特異性や、自民党本部が夫妻に提供した1億5千万円の問題を取り上げる報道が目立ち、法制度の問題を掘り下げる報道はほとんど見たことがない。

地味でややこしい制度の問題でもあり、取り上げにくいのはわかる。だが、それでは買収事件は繰り返されるだろうし、政治家の思うつぼである。

改正案をつくって合意を得るにはそれなりの政治的エネルギーが必要になるし、何よりも既得権に切り込むことになるため、大抵の政治家は自ら動こうとはしない。今回の事件も「河井夫妻特有の問題」として法制度の問題には立ち入らず、幕引きをしようとする動きが感じられる。それは自民党に限らず、野党にも潜む思惑かもしれない。

こんな思いを抱いた取材班は、政治資金問題のご意見番である研究者を訪ねた。「政治とカネ」の問題が起きるたびに新聞やテレビに登場する、日本大学法学部元教授の岩井奉信(70歳)である。

「政治とカネ」を40年近く研究してきた岩井は2021年春、定年を迎えた。心残りもある。「政治資金規正法には多くの抜け道が残ったまま。抜本的な改革ができなかった」

リクルート事件などに端を発した1990年代の政治改革に関わり、学者や財界人で結成した政治改革推進協議会に参加。その後も制度改革の有識者会議に幾度となく携わり、総務省の政治資金適正化委員会の委員も務めた。「政治とカネ」の仕組みが大きく変わったのは「94年の政治改革が最後だ」と言い切る。

この改革の結果、95年に政治資金規正法が改正され、政治家個人への寄付を資金管理団体に限定。その後に企業・団体献金の受け取りも禁じた。しかし、政党や政党支部で企業・団体献金を受け取る道は残された。「政治家が代表を務める党支部が乱立し、新たな受け皿になってしまった」と振り返る。

岩井はこれまで「政治資金規正法と公選法の一本化」を訴えてきた。立候補者側が当選するためにカネを配れば、公選法上は買収罪に問われる。一方でその相手が政治家の場合、党支部間の資金提供として処理すると、政治資金規正法上は合法に化ける。こうした矛盾をはらむ現行制度に対し「政治改革から四半世紀が過ぎ、すでに制度疲労を起こしている」と危機感を抱く。

定年を1年後に控えた2020年3月。河井夫妻による大規模買収事件が発覚した。一部の地方議員が「党支部間の寄付」と主張するなど、自身が指摘してきた通りの抜け道が表面化した。ただ、国会自身に改善への動きは見えない。

岩井によると、政治資金規正法の大規模な改正は1975年と95年の2回しかない。この背景には、元総理大臣田中角栄の金脈問題、およびリクルート事件や佐川急便事件など自民党の金権体質が露呈する疑獄事件があり、それによって火が付いた国民の怒りに後押しされる形で改正は実現した。

「『政治とカネ』の問題に対する世論は厳しくなっている」

河井夫妻の事件で高まる有権者の「熱量」に期待する一方、懸念も感じる。

河井夫妻は自民党を離党しただけで、説明責任を果たさない。党幹部からはそうした議員の姿勢に対しての指導力は見えない。むしろ「しっぽ切り」をして、あとは知らぬ存ぜぬの態度だ。地元の行事で違法な寄付をしたとして公選法違反罪で略式起訴された元経済産業大臣の菅原一秀や、大手鶏卵会社から現金を受領したとして在宅起訴された元農林水産大臣の吉川貴盛など、その後相次いだ国会議員の不祥事でも、議員が説明に立つ姿はほぼない。

「政治家は制度に穴があるから悪用する。その穴が不祥事で浮き彫りになった。だったら、その不祥事を制度改革につなげないと意味がない」と訴える。

前代未聞の買収事件を、その「穴」をふさぐ契機としてほしい。永田町を見つめ続けた、政治学者の伝言である。

第2部

法廷

第8章／百日裁判

併合審理

河井克行と案里の公判は2020年8月25日、東京地裁で始まった。同じ法廷で2人の公判が一緒に進む併合審理となり、2人が揃って出廷する。依然として克行は衆院議員、案里は参院議員だが、罰金刑以上が確定すれば、失職する。すでに起訴されている秘書の公判同様、「百日裁判」として審理される。公判は週3、4回のハイペースで開かれることになった。

前述したが、中国新聞東京支社の編集部は部長以下7人の体制。東京地裁や東京地検といった司法関係は通常取材することはなく、共同通信社が配信する記事を使ってきた。

しかし、河井夫妻の百日裁判は地元の重大な関心事だ。できる限り自社で取材し、手厚く報道する方針を決めた。紙幅に制限がある紙面と違い、文字量に制限がないウェブの中国新聞デジタルを使って詳報を出すことも考えていた。このため、東京地裁の建物内にある司法記者クラブに非常駐社として新たに加盟。本社から中川雅晴が長期出張をし、東京支社の河野揚、境信重らと連携して公判を取材することになった。

【初公判】(20年8月25日)
無罪を主張

開廷前にあった23席の傍聴券の抽選には、429人が並んだ。競争率は18・7倍。元法務大臣夫妻が選挙前に100人に現金を配ったとされる異様な事件であり、公判への関心の高さを感じさせた。これほど注目を浴びる裁判を取材できるチャンスは今後ないかもしれない……。中川はそう思うと、急に背筋が伸びた。

中国新聞は司法記者クラブの枠で1席の傍聴席を確保しているが、さらに1、2席の傍聴席を確保して、傍聴する記者の数を増やしたい。東京支社営業部の部員たちにも抽選に並んでもらい、なんとかもう1席を確保できた。

「さあ、やるぞ」

気持ちも高ぶる。

公判は午前10時に始まった。法廷は東京地裁で最も広い104号法廷。新聞、テレビ各社の記者に交じり、中国新聞からは中川と河野が入った。

スーツ姿の克行と案里が一礼して入廷すると、法廷内の緊張感が一気に高まった。録画や録音は禁じられているため、各社の記者はその様子を見つめ、ノートに速記していく。傍聴席は狭く、メモをしていると隣の記者と肘(ひじ)が当たる。

克行は傍聴席の報道陣をぐるりと見渡した。どう見られているのかを気にしている様子だった。公の場に姿を現すのは逮捕前日の6月17日の通常国会最終日以来、2カ月ぶりだった。

「少し頬がやせたな」

拘置所暮らしの影響を感じさせた。中川はその様子を「頬、こける」と書き記した。

案里の姿からは緊張感がありありと伝わってきた。2人は刑務官2人を間に挟んで並んで座った。克行は案里を何度も心配そうに見つめたが、案里は前を向いて目を合わせようとしない。

2人の後ろには夫妻の弁護団9人がずらりと並んだ。克行と案里の弁護団は別々だった。検察官を辞めて転身した「ヤメ検」と呼ばれる、その世界で名が売れた弁護士たちが顔を揃えていた。1人は広島地検の特別刑事部長や次席検事を務めたこともある弁護士だった。

「どれだけの弁護士費用がかかるんだろうか」

中川は思わず口に出しそうになった。

裁判長は、広島地裁勤務の経験もある高橋康明(たかはしやすあき)。開廷を宣言すると、克行と案里が証言台の前に並んで立った。人定質問が始まった。

克行「衆議院議員です」

案里「参院議員です」

克行のはっきりとした口調と比べて、案里は小声だった。克行とは引き続き目を合わせようとせず、背けているようにも見えた。

罪状認否では、克行、案里ともに現金を渡した事実はおおむね認める一方、その趣旨については「投票の取りまとめなどの選挙運動を依頼するものではない」などと述べて、無罪を主張。克行は法廷に響きわたるほどの大声で訴え、検察への対決姿勢をむき出しにした。

弁護側は、地元の政治家に渡した現金について「（参院選の約3カ月前にあった）統一地方選の陣中見舞いや当選祝いだった」などと強調。検察の主張を真っ向から否定した。テレビ各社の記者は慌ただしく法廷を出入りし、夫妻の一言一言を速報した。

検察側の席には3人の検事。まずは、検察側が立証しようとしていることを述べる冒頭陳述を始めた。

「選挙戦が非常に厳しいものになると予想した」

「付き合いのあった議員や疎遠だった議員にも、なりふり構わず現金を供与することにした」

検察官はA４判で約30ページある書面を、１時間あまりかけて読み上げた。

被告人席で克行はメモ用紙にペンを走らせ、案里は伏し目がちに黙って聞き入っていた。案里は入廷時と比べてどこか気が抜けたようにも見えた。参院選の時から案里を取材してきた中川が案里の様子を見ていると、急に目が合った。案里は目をそらさず、じっと見てきた。十数秒。中川は思わず目をそらした。奇妙な居心地の悪さを中川自身が感じてしまったからだ。必死でメモを取る姿を滑稽と思っているのか、それとも裁判自体がどこか上の空なのだろうか。案里の心を読もうとしていた自分の気持ちが、見透かされているように思えた。

冒頭陳述の後半では、検察官は河井夫妻から現金を受け取ったとされる県議や市町議、後援会員ら100人の実名と金額を読み上げた。100人の名前が初めて公にされた瞬間だった。これまでの取材で想定していた通り、そのうちの40人は参院選当時に県議や市議、町議、首長の職にあった者だった。すぐに広島県内の支社局と情報を共有し、それぞれ本人への取材に記者が動いた。

翌日の朝刊には、1面をはじめ7つの面に初公判の記事が載った。被買収者とされる40人の政治家をずらりと並べた超大型の一覧表も掲載。一つの面を丸ごと使って、40人の顔写真とともに検察側が読み上げた現金授受の金額と日付、本人のコメントを載せた。

【第2回公判】（8月28日）

139人の証人申請

事件の証拠調べが始まる。検察官が証拠の内容を読み上げていく。

「1月15日の家宅捜索で、克行被告の自宅の書斎の段ボールから手書きの書き込みが見つかった。

県議、市議の名簿に、『50』『30』という金額や、レ点のチェックが記載されていた。さらに克行被告は『こた』、案里被告は『ぶ』と名前で、現金配布先の役割分担も書かれていた」

克行は夫婦内の呼び名を明かされ、ばつが悪そうな表情を浮かべた。克行は「小太郎」というアライグマのぬいぐるみが好きだったので「こたろう」と呼ばれ、案里は「ブーブー」と文句を言うので「ぶーちゃん」と呼ばれていたことが後にわかった。

続いて、検察官は139人の証人尋問を申請した。傍聴席にいる記者からはその数の多さに「まじか……」との声が漏れた。

争点は現金提供の趣旨にあり、現金を受け取った側の政治家や後援会員らがどう受け止めていたかの確認は必須である。そこで検察側は捜査段階で現金受領者への任意聴取を重ねて供述調書を作成していたが、公判での証拠として採用することに弁護側は反対した。このため、検察側は現金を受領したとされる100人を含めた139人もの証人尋問を申請したのだ。「百日裁判」にもかかわらず、長期化するのは確実となった。

【第3回公判】（9月1日）
票を仲良く分け合うことはできない

検察側が申請した139人の証人尋問が始まった。1人目として出廷したのは克行の公設第1秘書の男性。克行について「陣営内のあらゆる活動での最終責任者だった」と証言した。克行が陣営スタッフとの会議で「溝手顕正氏に流れている票を取り込むしかない。票を仲良く分け合うことはできない」との趣旨の話をしたとも述べた。

【第6回公判】(9月4日)
克行、激昂

この日は案里の公設第1秘書の女性の証人尋問があった。女性秘書は検察側の尋問に対し、参院選の公示前に自民党の機関紙などの大量の印刷物を広島県内の企業や地方議員に配ったと説明。「投票の取りまとめを依頼する選挙活動だった」と述べた。

その後、弁護側の反対尋問が始まった。やりとりが続く中で「事件」は起こった。

弁護人「検察側の取り調べは何回か」
女性秘書「74回です」
弁護人「覚えていたのか」
女性秘書「手帳に書いておりましたので」
弁護人「取り調べを受ける際、黙秘権は告知されていたか」
女性秘書「最初に言われていました」
弁護人「ということは被疑者か」
女性秘書「と思います」

弁護人「容疑について、どのような説明があって取り調べを受けたと言われていたか」

女性秘書は即答できず、数秒間の沈黙が流れた。すると、いきなり怒号が飛んだ。

「なんで検察官の方を向くんだ！」

中川は速記のペンを止め、顔を上げた。初めは誰が発言したのかわからなかったが、克行が3メートルほど先で証言していた女性秘書をにらみつけていた。怒号の主が克行なのは明らかだった。

検察側は血相を変えて立ち上がって抗議した。弁護側は慌てた様子で「（女性秘書が）検察官にアイコンタクトを送った」と克行を擁護。女性秘書が検察側に助け船を求めたと主張した。すぐさま検察側が「していない」と反論するなど、法廷は騒然とした。

数秒後、やや落ち着きを取り戻した検察官が「裁判長、被告人が不規則発言をしました」と指摘すると、克行は被告人席に座ったまま、弁護人に促され「以後気をつけます。大変失礼しました」と頭を下げた。

【第8回公判】（9月15日）
克行、弁護人を全員解任

午前10時に開廷し、克行の公設第2秘書の女性が出廷。総理大臣の安倍晋三の秘書団が参院選の約1カ月前に、広島の後援会関係者を回ったことを証言した。

一時休廷中の昼すぎ、ＮＨＫが「克行被告が弁護人6人を全員解任」との速報を流した。その後、解任された弁護人は記者団の取材に答え、「申し訳ないが全員解任する、と言われた」と説明した。弁護人によると、克行は保釈されないことや公判の過密日程に不満を募らせていたという。

　この時期、新型コロナウイルスの感染拡大で日本はもちろん世界的に混乱が続いていた。総理大臣の安倍は体調不良を理由に退陣を表明。その後任を決める自民党総裁選の本命が、菅義偉に定まりつつあった。

　９月９日には東京拘置所に勾留中の克行は自ら書面を作り、東京地裁に４度目となる保釈請求をした。

「なんとか保釈してほしい。逃亡などはおよそ考えたことはない。証拠隠滅もない。臨時国会で国会議員としての責務を果たす必要がある。それにも出席したい」

　菅を新たな総理大臣に選出する臨時国会に出席したい、と弁護人に直訴してきたという。

　前述したように、菅は１９９６年に初当選した「当選同期」。党内の無派閥の中堅・若手議員を集め、菅を支える「向日葵会」を主宰する仲だ。ただ、地裁はこの時の保釈請求も却下し、国会出席はならなかった。

「克行は地団太（じだんだ）を踏んでいるのではないか。菅が総理大臣になったら、官房副長官くらいの芽はあったからな」

　ある捜査関係者は克行の胸中を推し量った。

コラム①

法廷記者の1日

河井夫妻の公判では、現金をもらった地方議員や首長らの証人尋問が連日開かれた。多い日は3人の証人尋問が、昼休憩を挟んで午前10時から午後5時まで続いた。その尋問を、中川、河野、境の3記者が中心となって傍聴。閉廷後は深夜まで出稿作業を行なった。めまぐるしい日々の繰り返しだった公判取材。典型的な1日の流れを紹介する。

午前9時

開廷前にあるのが傍聴券の抽選。新型コロナ対策の一環で一般傍聴席は3分の1程度に減らされていたが、運も味方し、大半の抽選で席を確保できた。3記者が法廷に向かう。

午前10時

開廷され、被告が入廷。地方議員が検察側の証人として出廷する。まずは検察側の主尋問。証人は「買収の意図を感じた」などと語り、買収のカネを受け取ったとの認識を示す。

3記者は一言一句漏らさないよう、ノートにペンを走らせる。時折、顔を上げ、証人の立ち居振る舞いや河井夫妻の表情を見る。その様子も書き記す。
より速く速記ができるようにと、固有名詞も記号化した。例えば克行は「か」、案里は「あ」、参院選は「参」とメモした。ボールペンも文具店でさまざまなペンを試し書きして、書き味の滑らかなものを厳選した。
検察側の主尋問が終わると、弁護人の反対尋問が始まる。弁護人は証言の信用性を崩そうと、あの手この手で質問を繰り出す。

正午

裁判長が一時休廷を告げる。
記者は裁判所の建物内にある司法記者クラブに急ぎ足で戻る。中川はまず、本社で待つデスクの荒木に連絡する。「証人が買収の意図を感じたと証言しました」などと要点を伝えると、荒木は「デジタル用に速報を出そう」と指示。中川はすぐさま執筆し、記事を送る。その間、河野と境はノートのメモをパソコンに打ち込む「メモ起こし」の作業を始める。昼食に出る時間はない。あらかじめ買っておいたパンを口の中に詰め込む。

午後1時15分

再び開廷。この日2人目の証人が出廷し、受け取った現金の違法性を認める。弁護人の反対尋問に移っても、証人の証言はぶれない。弁護人は諦めたように尋問を終わらせる。一時休廷を挟んで、3人目の証人尋問が始まる。記者はひたすらメモを取り続ける。

午後5時頃

この日の公判が終了。ノートは1冊目を書

き終え、2冊目に入っていた。中川の手はしびれている。3人は急いで司法記者クラブに戻り、メモ起こしを進める。

「どれぐらいかかりそう?」

荒木からの電話に「7時過ぎまでにはなんとか終えます」と答える。窓越しに見える空が暗くなる中、キーボードを打つ音だけが響く。メモ起こしを終えると、すぐさま記事執筆に入る。

朝刊用の出稿は通常、本記と証人尋問の要旨をまとめたサイド記事の2本。締切時間をにらみながら、3人で分担して書いていく。

午後10時頃

朝刊用の原稿をすべて本社に送り、荒木が添削した最終原稿の確認作業に入る。緊張が高まる一瞬だ。ミスは許されない。

「ここはこういう表現でしたよね」

3人が互いにノートを突き合わせ、最終確認をする。最後の仕事は、中国新聞デジタルに載せる証人尋問の詳報。完成させたメモ起こしを記事の様式にして荒木に送る。3人の仕事は完了だ。それぞれ帰宅の途につく。

本社の報道センターでは、荒木が詳報のチェックを始める。6時間にも及ぶ証人尋問の一問一答が再現されており、多い時は4万字にも及ぶ「大原稿」だ。誤字脱字はないか、文脈がおかしくないかをチェックする。作業は日をまたぎ、帰宅は未明となる。

こうして毎日のように続いた証人尋問は、河野の利き手である右手に大きな負荷を与えていた。2020年11月下旬から、右手の親指に違和感を覚えるようになっていた。

そして12月に入ったある朝のこと。目が覚めて右手を左右に少し動かすと、それだけで激痛が走った。クリニックを受診すると、腱（けん）鞘炎（しょうえん）だった。親指の付け根にステロイドと麻酔の入った注射を打って痛みを抑え、右手用のサポーターを着けて傍聴を続けた。

その頃から食事では箸を左手で持つようになった。いったん痛みはなくなったが、翌年1月下旬に激痛が再発。ステロイド注射を打って耐えしのいだ。

河野は05年入社で、東京大卒の秀才肌。境と同様、経済担当が長いが、東京支社では経済だけでなく、政治や原爆平和の取材も担当。河井夫妻の公判が始まってからは、公判取材がメインの仕事になった。

法廷での取材はほぼ未経験だったが、公判中にメモできなかったやりとりも記憶していることが多々あり、証人尋問の詳報づくりに貢献した。県議や市町議が法廷で語る政治の裏側を面白がり、精神的にも肉体的にもきつい公判取材をやりきった。

びっしりと証人尋問のメモが書かれたノート。いつしか数十冊分になっていた

第9章／案里 公判

【案里の第9回公判】（9月16日）
大物県議、目を合わせず

河井克行が弁護人を全員解任したため、東京地裁は克行と案里の公判を分離した。克行の審理は、新たな弁護人が選任されて準備が整うまでは中断されることとなった。

この日は河井夫妻から現金を受領した「被買収者」の証人尋問が始まる節目の公判だったが、法廷に現れたのは案里だけだった。

1人目の証人として出廷したのは、広島県議会議長や自民党県連幹事長を歴任した県議の奥原信也（77歳）だった。政治家では最高額の計２００万円を受け取ったとされる。
奥原は黒のスーツに黄色のネクタイ姿。ゆっくりとした足取りで入廷し、案里とは一度も目を合わせなかった。「真実を述べる」と宣誓した後、検察側の主尋問へ。検察官が、克行と案里からの現金授受の経緯をただした。
検察官「現在は12期目か」
奥原「はい」
検察官「県議会議長を務めたか」
奥原「はい」
検察官「7月の参院選で、現金をもらったことはあるか」
奥原「はい」
検察官「誰からか」
奥原「それは克行議員と案里議員です」
検察官は初めから「本題」に切り込んだ。開廷から10分もたたないうちに奥原はあっさりと認め、検察に波長を合わせるように次々と答えた。予定されていた原稿をそらんじているかのようだった。奥原によると、検察側と質疑応答を練習する「証人テスト」をした上で出廷したという。検察にとって、夫妻の買収を立証する重要な証人だった。尋問は続いた。
検察官「克行被告から受け取ったのはいつか」
奥原「昨年（２０１９年）４月１日に50万円、昨年６月20日以降に１００万円」

検察官「受け取った場所は、呉市の奥原信也後援会事務所か」

奥原「はい」

検察官「案里被告から受け取ったのはいつ、いくらか」

奥原「昨年5月20日すぎに50万円」

少しずつ本題に入っていく。ペンを持つ中川雅晴の手に自然と筆圧がかかった。

奥原は河井夫妻から領収書を求められなかったとし、「表に出せないカネ。裏金だと思った」と証言した。200万円は交際費に使ったという。

検察側による主尋問の終盤。検察側から今回の事件の受け止めを問われると「公選法の問題を起こすことになり、政治家にとってはあってはならない。深く反省するとともに心からおわび申し上げたい」と強調し、裁判長に向かって頭を下げた。被告人席に座る案里はその様子をじっと見つめていた。

続いて反対尋問に立った案里の弁護人が「県政のために尽力されてきた。違法な買収とわかって受け取ったのか」と尋ねると、奥原は「はい」と返答。「当時は（違法ということを）深く考えていませんでした。大変な罪を犯したと反省している」と再び頭を下げた。今後、処罰があり得るとの認識を示す一方、「議員の職にとどまって差し支えないという考えか」との問いには「そういうことは申し上げられません」と述べた。

2時間あまりにわたった証人尋問。退廷時、奥原は裁判長に一礼したが、案里とは最後まで目を合わせようとしなかった。

【案里の第10回公判】(9月17日)

奥さまの見舞い

自民党の広島県議、下原康充（69歳）が出廷した。案里から50万円を受け取ったと認め、「(案里が下原に対して話す現金の趣旨について）ころころ話が変わった。選挙のための違法なカネと思った」と述べた。

下原が6選に挑んだ県議選の投開票日の19年4月7日午後、東広島市の選挙事務所で案里と面会した。まだ投票が行なわれている時間帯だったが、案里が50万円入りの白い封筒を「当選祝い」として差し出してきたという。下原が「選挙に通っていませんから。当選祝いでもらうお金ではない」と差し戻すと、「じゃ、陣中見舞い」と言われた。その後のやりとりを下原は法廷で再現してみせた。

下原「『領収書を書きましょうか』と申し上げました」

検察官「なぜ」

下原「必ず領収書がいる。厳しくやる立場だからです」

検察官「『領収書を出しましょう』と言うと、案里被告にどう言われたか」

下原「『いらない』と言われました」

検察官「どのように」

下原「軽めに『いらなーい』という感じ」
下原は身をよじらせ、案里のまねをした。傍聴席から思わず苦笑が漏れたが、下原は必死な様子だった。県議会棟で堂々としている普段の姿とは違い、低姿勢だった。
検察官「案里被告にどう言われたか」
下原「病気療養中の家内がおりまして、『これは奥さまの見舞い』と言われた。選挙に関することで、札（票）の確保、選挙のお願い、票の取りまとめの意味だと思いました」
続く弁護側の反対尋問は落ち着いた雰囲気で進んでいたが、急に一変した場面もあった。
弁護人「当選祝いはまだ開票前、次は陣中見舞い、さらに奥さまへのお見舞いと言って、二転三転という記載は調書にはないのだが、どういうことか」
弁護人が捜査段階で作成された供述調書にはない内容を法廷で証言した点に切り込むと、下原は冷静さを保ちながら、淡々と答えた。
下原「その時点で正直に申し上げました。取り調べの時点のことです」
弁護人「その後に思い出したということか」
下原「その通りです」
弁護人「捜査段階の話と今日の話が異なっているということか」
下原「その……」
さらに突っ込まれると、下原は返答に詰まり、考えるようなそぶりを見せた。その瞬間、法廷に怒号に似た弁護人の大きな声が響いた。

「だから、イエスかノーかでお答えください」

下原は驚いた様子で顔を上げた。すぐに検察官が「弁護人の言い方が威圧的だ」と異議を唱えた。

裁判長の高橋康明が割って入り、苦笑いした様子で「どうですか」と下原に語りかけた。下原は「(弁護人は)わりかし声が大きいように思います」と答えた。声が少し震えていた。

下原は参院選では案里と溝手顕正の双方を応援したと説明。現金授受の影響はなかったと主張した。

50万円は妻の治療費や選挙費用などに全額使ったという。進退について問われた下原は「(有権者の)負託に応えるべく精進したい」と強調。辞職しない考えを示した。

閉廷後、県議を尋問した弁護人は報道陣の取材に「まあ、議員を辞めないんだな」とあきれ顔で語った。

「そっち(案里)も辞めないじゃないかと言い返されたら困るけど……」

苦笑いも忘れなかった。

【案里の第11回公判】(9月18日)

口裏合わせに「うふふ」

自民党の広島県議、平本徹(ひらもととおる)(54歳)が案里から30万円を受領したと認めた。平本は19年4月5日に、妻が案里から現金入りの封筒を渡された。帰宅後に、妻からそれを見せられたという。

案里陣営の車上運動員の違法報酬疑惑が報じられた後の19年12月には、案里から「あれ、なかったことでいいよね」と電話があったとし、「口裏合わせのように感じた」と説明した。その会話の状況を説明していた途中に、案里が被告人席で「うふふ」と笑った。裁判長に注意され、「すみません」と頭を下げた。

【案里の第12回公判】(9月23日)

「いやいや」「まあまあ」

広島県安芸太田町の前町長、小坂真治(71歳)が、克行から違法性を認識しながら20万円を受け取ったと証言。自宅に来た克行が帰り際に封筒を差し出してきて、「いやいや」と拒んだが、「まあまあ」と押し返され、2、3回の押し問答の末に受け取ったと認めた。4月に町長を辞職した理由については「もらうべきではないお金を受け取ったことが原因」と述べた。

廿日市市議会の元議長で市議の藤田俊雄（69歳）も、克行からの10万円の受領と違法性を認めた。反省の意味を込め、3月に自身が経営する会社の代表取締役を退任し、21年3月の市議選に立候補しないことを決めたという。

【案里の第13回公判】（9月24日）瞬間湯沸かし器

この日出廷したのは3人の議長経験者。克行にけじめや議員辞職を求める発言が続いた。

広島県安芸太田町議会の前議長で町議の矢立孝彦（67歳）は、克行から20万円入りの封筒を置いて帰られたと説明。返金しなかった理由は「国の制度、予算が小さな町の生き死にに左右する命綱。瞬間湯沸かし器のような代議士で、機嫌を損ねると町に仕返しをされると思った」とし、「しかるべきけじめの判断をしてほしいと強く思う」と求めた。

安芸高田市議会の前議長で元市議の先川和幸（73歳）と廿日市市議会の元議長で市議の仁井田和之（74歳）は、ともに克行からの20万円の受領を認めた。仁井田は克行に「説明責任を果たし、辞職してほしい」と訴えた。

【案里の第15回公判】（10月2日）

二階幹事長から預かって参りました

この日の証人は自民党の広島県議、岡崎哲夫（65歳）。参院選の3カ月あまり前にあった県議選で無投票当選を決めた翌日の19年3月30日、府中市内の事務所に来た案里から30万円、6月5日には克行から20万円を受け取ったと証言した。岡崎は案里を「案里ちゃん」と呼ぶほど親密な仲だった。

岡崎の証言によると、案里は「当選おめでとうございます。二階幹事長から預かって参りました」と封筒をテーブルに置いたという。「彼女はよくブラックジョークを言うので、その時にすぐジョークと思いました。私と二階幹事長の関係はなかったので、一県議会議員への心付けをすることはないと思いました」とし、「参院選支援の依頼と当選祝いの意味を感じた」と述べた。

「本当にジョークなのか」

中川は傍聴席でメモを取りながら、半信半疑だった。二階は案里の擁立に深く関わった自民党中枢の人物。企業でいえば雲の上の重鎮役員のような存在だ。そうした人物の名前を勝手に出して、現金を持っていくだろうか。臆せずに名前を出せたのは、本当にそうした事実があったからではないか。前述したが、克行が19年5月に広島県府中町議に30万円を渡す際に「安倍さんから」と言ったことが頭に浮かんだ。

さらに岡崎は、案里から現金を受領した当時、違法性の感覚がほぼなかったとも証言。その根拠を検察官に問われると、「公選法ではありませんが、3カ月ルールというのがございまして。公示前、3カ月前というのが捜査の集中取り締まり期間。3月30日は公示から3カ月前の外枠の状況で、深く考えていませんでした」と述べた。

このようなルールはない。しかし、政治家の間では「3カ月ルール」という彼ら独自の解釈が常識になっていることを岡崎の証言は示していた。法の網を都合のいい解釈でくぐり抜けながらカネのやりとりをしようとする政治家の本性を中川は感じた。

【案里の第16回公判】（10月5日）

秘書から現金

江田島市議の胡子雅信（48歳）が案里の公設秘書から10万円を受け取ったと認め、「投票依頼の趣旨と思った」と証言。案里への投票の呼びかけをしたことも明らかにした。

同事件の公判ではここまで地方議員ら9人が現金授受を認めているが、秘書から受領したとの証言は初めて。事務所ぐるみの実態が浮き彫りになった。

この秘書は、2日後の第17回公判に証人として出廷。克行から指示を受け、10万円が入った茶封筒を胡子に渡したことを認め、案里の了承を得ていたと証言した。

【案里の第18回公判】(10月13日)

隠し録音と案里の号泣

自民党の広島市議、海徳裕志(かいとくひろし)(60歳)が出廷。克行から2回にわたり、計50万円を受け取ったと証言した。1回目の30万円を渡された際、「これ総理から」と言われていた。それに続く2回目の授受に関して、検察側はある音声を再生した。その際の会話を海徳は録音していたという。

海徳には18年8月に地元であった豪雨災害の慰霊祭での苦い経験があった。克行に呼び付けられ、「来賓扱いをされなかった。地元の地方議員の責任を果たしていない」と激怒されたという。海徳は再び恫喝される可能性があると警戒し、2回目の授受の際、妻を同席させて録音したと明らかにした。

海徳「先ほど述べたように、豪雨災害のことで恫喝された経緯があるので、また無理難題を言われる可能性があると思って、レコーダーをセットしました」

検察官「同一性の確認のため再生します」

弁護人「異議あり。証拠調べの必要性がない。証言している」

裁判長「同一性の確認のため再生したいと言っているのだが」

検察官「同一性確認のためだ」

弁護人「裁判所だけで聞いていただきたい。同一性の確認は証拠調べと同じだ」

裁判長「証拠調べの打ち合わせをします。異議への対応をする」

裁判長の高橋は、録音音声を法廷で流すかどうかを検討するため、いったん休廷すると決定。案里に退廷を促した。すると案里は、ハンカチで目元を押さえながら声を上げて泣き始めた。

「主人のご無礼をお許しください」

検察官「ちょっと裁判長、今の発言……」

法廷は騒然としたが、そのまま休廷した。

公判は約1時間後に再開。弁護人は「見苦しい姿を見せてしまい、申し訳ないと話している」と案里の言葉を代弁した。高橋は音声の再生を認め、法廷で再生された。親しそうに海徳に話しかける克行の音声が法廷に流れた。

■再生された音声

克行「お世話になります」

海徳「冷たいお茶がいいですか」

克行「(自民党広島) 県連がやってくれないから自分でやらないといけない。大変ですよ、助けてくださいよ。先生頼みますよ」

(略)

克行「うちの案里が地元の若い人と飲みたいので、ぜひお願いします」

海徳「案里さんは忙しいかもしれんけど、1回企画しましょうか」

克行「河井克行は嫌いかもしれんけど、案里はかわいがってくださいよ」
（略）
克行「早い方がいい。完全会費制にしないと先生に迷惑がかかる。集会場で缶ビールに乾き物でいい。千円とか500円とか。6日なら空いている」
海徳「会費制ですね」
克行「会費制ですよ。完全会費制」
（略）
克行「とりあえずですけど、広島市内ならどこでもいいですから。今度、菅官房長官が広島に入ることになった。議員の先生方の懇談会を計画しますんで、顔を出してほしい」
海徳「官房長官が広島に入って」
克行「街頭演説をやって、菅官房長官の関係の企業から2千人集めて。その後、議員の方と懇談会。そういう段取り。その時は来てやってください」
（略）
克行「これ、気持ちですから」
海徳「はい」
克行「お邪魔しました」
（克行の退出後）
海徳「なんぼ入っとった」

海徳の妻「20」

（略）

海徳「たたき返したろうかと思った。（1回目は）30万円を持ってきて。よっぽどお金持っとるんじゃのう。絶対1億、2億来とるで。安倍さんかどっかから」

■音声再生終了

この音声では克行からの恫喝はなかった。克行が年上の海徳に語りかける口調はフレンドリーだった。同時に、現金提供の趣旨を争っている克行の行為が「買収」だったかの大きな「証拠」になる音声だった。

直後に予定される参院選の話題を出し、県連の支援が受けられない窮状を訴え、「河井克行は嫌いかもしれんけど、案里はかわいがってくださいよ」などとさまざまな依頼をした後、現金を渡していた。

「これ、気持ちですから」というのは、買収の常套句の一つだ。

「どう考えても、現金は案里の選挙のためではないか」

中川はそう感じざるを得なかった。一方で、海徳が自然な感じでためらいもなく現金を受け取っていたことも気になった。

この日の公判では、案里の精神面の不安定さもにじんだ。案里の弁護人は閉廷後、報道陣に「身柄の拘束が長くなっています。元々、精神的ケアが必要」と訴えた。

この日はビデオリンク方式による証人尋問が初めて実施された。自民党の広島県議、高山博州（67歳）が広島地裁からモニターを通じて証言。克行から30万円を受け取ったとし、違法性も認めた。

【案里の第19回公判】（10月15日）
受け取りを拒否した議員

「いらんといったらいらんと強い口調で言った」

この日の尋問に呼ばれたのは自民党の広島県議、安井裕典（69歳）。案里と克行から3回にわたり、現金が入ったとみられる封筒を差し出されたが、いずれも受け取りを拒否したと証言した。

これまでの公判に出廷した地方議員や首長は「国の中枢にいる克行からの現金を拒否すると、国への陳情に支障が出る」「断りきれなかった」などと述べ、やむを得ず現金を受領したと証言をしていた。だが、きっぱり断ったという安井の証言を聞きながら、中川は「ちゃんと拒否している議員がいるじゃないか」と思い、少し胸がすっとした。

現金を受け取った政治家が法廷で語る受領理由は「言い訳」でしかない。安井の証言は、そうした政治家の甘さを際立たせた。

【案里の第20回公判】（10月16日）

溝手の邪険な態度を撮れ

案里の公判も20回目。関係者が証言を重ねる中で、選挙戦の実態が見えてきた。この日の証人は元陣営スタッフの女性。克行の集票戦術について証言した。

検察官「克行被告はどう考えていたか」

証人「溝手陣営からいかに票を取るかを考えていました」

検察官「なぜそう受け止めるか」

証人「ある日、（克行）代議士が私に言いました。（集会などで）紹介される時、溝手先生と案里先生が同じ席だった時に、溝手先生が案里先生に邪険な態度をとらないか確認して、必ず動画で撮るよう指示されました。動画を配れば、面白いことになるとおっしゃっていました」

検察官「どうしたか」

証人「動画は撮っていましたが、決定的な瞬間はなかったです」

中川は参院選当時を思い起こしていた。

「自民党の党勢拡大のため」

案里が2人目の自民党公認候補として立候補する理由を、克行はこう触れ回っていた。しかし実際には、自民党広島県連が支援し、多くの業界団体の票を持つ溝手をおとしめ、票を奪おうとしていたことが証言で示された。

中川は「ここまでやっていたか……」と心の中でうなった。

これまでの克行の選挙でも、対立陣営についての怪文書が飛び交ったことを中川は知っていた。

改めて、克行の描いていたシナリオの一端が見えた気がした。


この女性は参院選の約3カ月前、ハローワークで河井事務所の求人を見て応募し、採用された。参院選の期間中は選挙カーに同乗し、案里の付き人を務めた。参院選後、段階的に給料を減らされて克行への不信感が高まり、選挙の3カ月後に退職した。尋問では案里への思いも問われ、「代議士が案里先生にいい影響を与えているとは思わない。離婚された方がいいと思う」などと語った。

案里は証言の間、口を一文字に結んで、下を向いて黙って聞いていた。手をぎゅっと硬く握りしめ、力が入っていた。

【案里の第21回公判】（10月19日）

買収リストを消去せよ

この日も、検察側の証拠によって案里陣営の暗部が明らかになった。

検察側が示したのは、克行から依頼を受け、克行のパソコンに保存されていた「買収リスト」を消去したインターネット業者の供述調書。検察官が法廷で読み上げた。

供述によると、業者はまず、案里陣営による車上運動員への違法報酬疑惑が報道された直後の19年11月3日、克行から東京都内の議員宿舎に呼び出され、「流出したらまずいものを消したい」と頼まれた。

業者は家電量販店で、パソコンのデータを完全に消去できるソフトを購入。同日、克行が議員宿舎、業者は克行の議員会館事務所で作業を進めた。克行は焦り困っている様子だった。

業者は翌4日に広島市へ出向き、河井夫妻宅のパソコンのデータを消去した。同日中に東京へ戻り、議員会館の事務所のパソコンを確認すると、データの消去作業が完了していなかったが、途中で中止したという。

12月にも広島市に行き、両被告の後援会事務所のパソコンのデータを消去。公設秘書が同席していた。報酬として、克行が支部長だった自民党広島県第三選挙区支部から約82万円が支払われた。

業者は次のような供述もしていた。

「克行先生にネガティブな書き込みがあれば、検索で表示しにくくする、逆にポジティブなことを表示しやすくして、イメージを良くする、そのような業務をしていました。案里先生のイメージを向上させるようなウェブサイト、SNS、ネガティブ記事の対策を講じていました。参院選で克行先生は、溝手先生のイメージを悪くするため、溝手先生のネガティブな記事を投稿しました。架空の人物を名乗り、ブログを書き込み、『溝手先生や県連が案里さんをいじめるようなことをしている』と、克行先生に確認して記事を投稿しました。私の独断で投稿しているのではなく、具体的な内容は克行さんに指示されていました」

やっぱり……。中川はそう思った。

参院選当時、溝手を悪代官に見立てたコラージュ写真がSNS上に出回っていた。どうにか記事にできないかと考えたが、投稿者がつかめず、出稿には至らなかった。

悪質性が高いのは明らかだった。裁判長の高橋は供述調書の朗読を聞きながら、顔を斜めにしてむっとした表情を浮かべていた。裁判長の心証形成に大きな影響を与えるには十分な内容に思えた。

「これはひどい」

一緒に傍聴していた河野揚も驚いた。公判終了後、デスクの荒木紀貴に相談すると「明日、2人でその業者の事務所に行って取材したらどうか」と提案された。

翌日、中川と河野は会社の登記簿を入手。横浜市にある会社を訪ねた。横浜スタジアムの近くにある雑居ビルの一室だった。呼び鈴を鳴らすが、応答はない。電気メーターは回っていなかった。その場で1時間近く待ったが、誰もやってくる気配はなかった。

登記簿に記載してある自宅らしきマンションにも向かった。インターホンを鳴らしたが、出てこなかった。

「今日すぐには取材できそうにないな」

2人はいったん引き揚げることにした。

東京支社に戻り、悪代官に見立てた溝手の画像を掲載していたブログを見て、記事になりそうなヒントがないかを探していた午後9時20分。ブログの次のページを開くと、唖然とした。

「や、やられた」

ブログごと消され、アクセスできないようになっていた。慌てて、それまで開いていたページを保存した。

【案里の第22回公判】(10月22日)

克行、証言拒否

この日は克行が検察側の証人として出廷した。約1カ月前に弁護人を解任し、自身の公判は中断している。そうした中で克行が何を語るのか。傍聴席の記者は注目した。

証言台の前に立った克行の表情は険しかった。攻撃的な姿勢を予感させた。

検察官「あなたは衆院議員か」

克行「はい」

検察官「選挙区は広島3区か」

すると、克行は検察官の質問には答えず、大きな声で一方的に語り始めた。

克行「裁判長。いろいろご迷惑をおかけしました。弁護人を選任し、一昨日、選任届けを提出したばかり。ちょうど追加の弁護人の選任の準備を進めている。弁護人と打ち合わせ、協議ができていない状況だ。私自身、訴追、起訴され、被告人という立場に置かれている。必要なことについては、今後の自身の裁判で申し上げていきたい」

（克行が素直に語るわけない……）

中川が予想した通りだった。裁判長の高橋は、一呼吸を置いて「趣旨はわかりました。答えられる質問には答えるということですか」と尋ねた。

克行は「はい。私の件、共犯の件、余罪の件で、裁判官の心証を形成する恐れのあるものは日本国憲法、刑事訴訟法にのっとって、申し訳ないが、答弁を差し控えさせていただく」と、はっきりとした口調で語気を強めた。

その後も「答弁は控えます」などと国会用語の「答弁」という言葉も使い、100回以上の証言拒否を繰り返した。検事への敵意をむき出しにし、挑発すら続けた。

検察官「案里陣営は自民党県連の支援を受けたか」

克行「支援とはどういったことを指しているか漠然としていて、お答えが難しいです」

検察官「思い付くことは」

克行「そうではないです。検事が支援と使うことがどういうことを指しているかを正確にしていただきたいと考えます」

検察官「支援で、あなたの中で思い付くことは」

克行「質問が漠然とし過ぎていて、お答えが難しいです」

検察官「県連の推薦名簿の提供を受けたか」

克行「名簿……。何の名簿」

検察官もイライラが募っていたようだった。次第に顔を紅潮させ、「推薦の働きかけをするための名簿だ」と質問したが、克行は「よくわかりません。質問が漠然としていて」「正確な質問をしていただきたい」などと繰り返した。

カネを渡した県議や市議らの名前が記された「買収リスト」に克行が書いたとされるメモ書きについて質問を受けた時には、「汚い字をよく読めましたね」と皮肉まじりに切り返した。

2時間半に及んだ証人尋問では、かみ合わないやりとりが続いた。真相解明につながる新たな事実が語られるかどうか以前の問題。真摯な姿勢とはほど遠かった。

その様子を案里は下を向いて黙って聞いていた。6月18日に逮捕されて以降、東京拘置所で勾留が続き、白髪が目立つようになっていた。退廷時には克行から心配そうな視線を送られたが、目を合わせることはなかった。

【案里の第23回公判】(10月23日)

保釈に向けて

東京地裁が11月13、17、20日に被告人質問をすると決めた。保釈請求をしている案里に、保釈されても公判に必ず出頭するかを確認する場面もあった。

その4日後の10月27日、案里は東京拘置所から保釈された。保釈保証金は1200万円。現金で

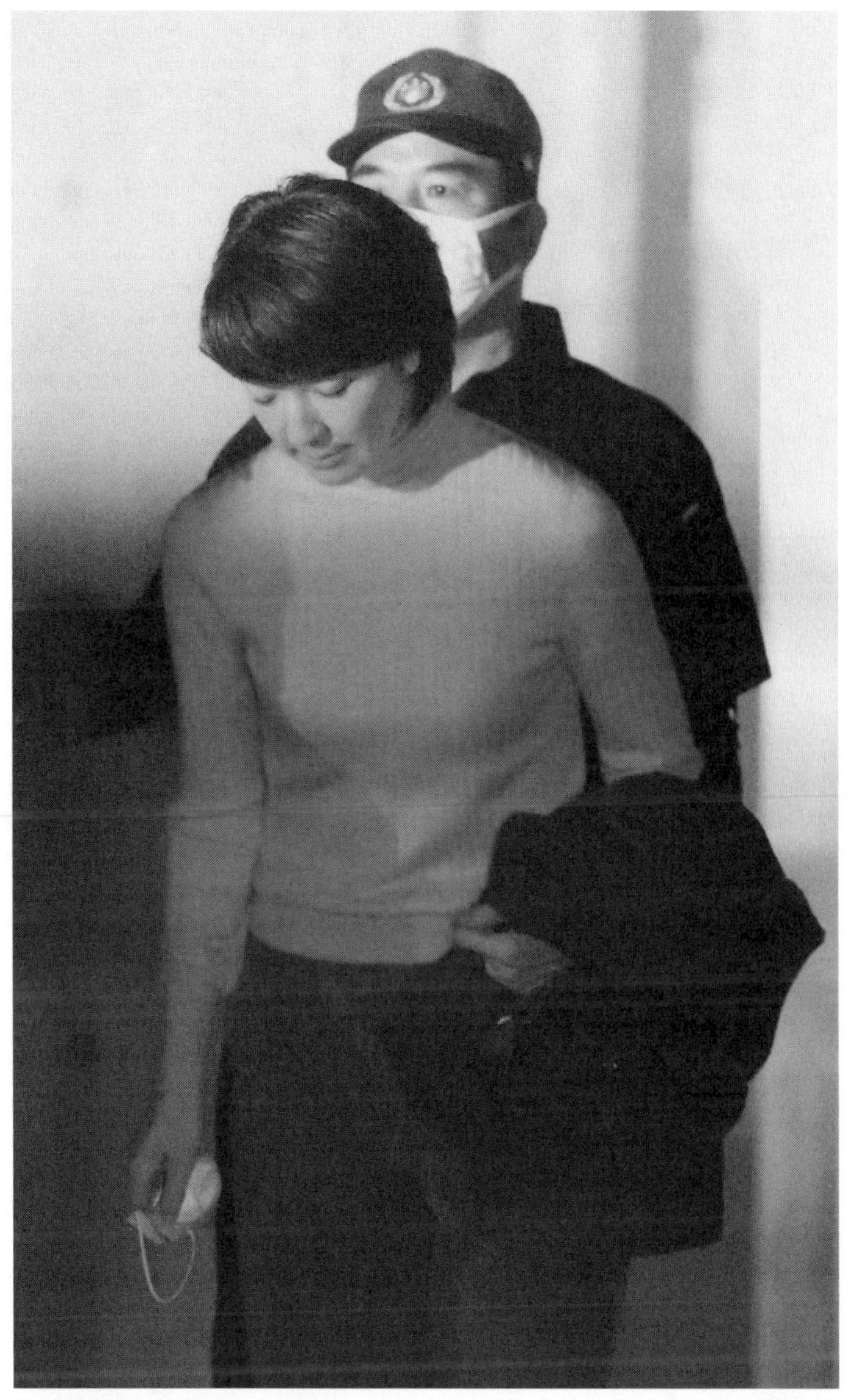

東京拘置所から保釈された案里。マスクを外し、一礼したのち、迎えの車に乗り込んだ

即日納付した。
案里は同日午後8時55分頃、薄紫色のハイネックのセーター姿で拘置所の玄関に現れた。待ち受ける報道陣に対し、マスクを外して一礼し、無言のまま迎えの黒いミニバンに乗り込んだ。車両は麹町の参院議員宿舎に入った。
証人尋問が終わり、裁判所側は証拠隠滅や逃亡の恐れは少ないと判断したとみられる。

【案里の第24回公判】（11月11日）

議員バッジをつけて

案里が10月27日に保釈されてから、初めての公判。弁護人たちと東京地裁にタクシーで入り、スーツにハイヒール姿で議員バッジをつけて弁護側の席に座った。弁護人によると、案里の母親が「バッジをつけていけば」と言ったという。

【案里の第25回公判】（11月13日）

被告人質問（1日目）政治の子

注目の被告人質問が始まった。黒っぽいスーツ姿。化粧をして、白髪が交じっていた髪も真っ黒に染めていた。

案里は裁判長の高橋に促され、証言台の前に立った。この日は弁護人が質問することになっていた。弁護人は19年7月の参院選前の情勢から尋ねた。

弁護人「ご主人の克行氏も（参院選に）出てみなさいと言ったか」

案里「はい。主人自身が政治家で、私にどの程度素質があるかよくわかっています。主人は『あんたは政治の子。続けないとだめだ』と言っていました。国政のチャンスをぜひやりなさいと」

案里はすらすらと答え、自信に満ちあふれた表情だった。

「徹底した草の根で戦おうと思っていた」

「自分で動いて自分で風を起こすということです」

参院選での清廉潔白をアピールした。

被告人質問が始まって数十分後。弁護人が買収行為についての質問を切り出した。

「いよいよ本題だ」

傍聴席でペンを持つ中川の手に力が入った。

弁護人「票をお金で買う見方をどう思っているか」

案里「票をお金で買う発想自体、私の中にはございません。10年あまり地方でどぶ板の選挙を続けてきた。心がけてきたのは人と関係をつくることです」

弁護人「票の取りまとめという表現が出てくるが、どう思うか」

案里「私の経験上、票を取りまとめていただく方は世の中に存在しないと考えています」

弁護人「なぜ」

案里「人間と人間の信頼関係の上でしか票は入らない。投票は尊く、神聖で、面倒くさい行為。お休みの日、仕事の空いている時間に足を運んで、河井案里と書いていただく面倒な行為をしていただくには誠意がないといけない。有権者に直接お届けする、一人一人への絆だと思います」

こう語る案里の姿はりりしさも感じさせた。中川は「政治の子」の言葉の力に吸い込まれそうになってしまうほどだった。

その上で、案里は、克行と共謀し、票の取りまとめを依頼する目的で県議ら5人に計170万円を渡したとして起訴されている内容を、それぞれ否定した。

「(09年の県知事選で落選した後、11年の県議選に当選した際に) 県議会でつまはじきにされた。その中で私を受け入れてくれた」「(参院選に立候補するため) 14年間務めた県議を卒業するので、感謝の気持ちだった。お礼とか、県政運営を頑張っていただきたいという当選祝い、陣中見舞い。票をお金で買う発想はない」と語った。

だが、現金を受け取った奥原ら5人は検察側の証人として出廷し、案里の買収の意図を感じたと証言。「投票の取りまとめや知人への投票依頼と思った」などと述べていた。

「政治の子」の主張は司法に認められるのか。メモを取る裁判長の表情からはまだうかがえなかった。

【案里の第26回公判】（11月17日）

被告人質問（2日目）　あんたは知らない方がいい

被告人質問の初日、案里は雄弁に語ったが、事件の核心である「買収資金」の原資には触れなかった。どこから原資を捻出したのか、2日目にはその質問が飛び出した。
弁護人「各県議に差し上げたお金はどのように用立てたか」
案里「たんす預金。生活費で、自分自身が受け取ったお祝い、お車代、ためておいたものがあります。その中から使いました」
弁護人「へそくり的な」
案里「はい。そうですね」
弁護人「額は。どれぐらいたんす預金はあるのか」
案里「まあ変動があります。主人が80万円、100万円足りないという時に出してあげることにしていました。80万円、多い時に200万円ぐらいです」
案里は、今回の起訴内容の170万円に相当する額をへそくりでためていたと述べたのだ。
国会議員は毎年の資産公開で資産や借入金が公開される。河井夫妻には借金があったことがその資料で明らかにされていた。それだけに、中川は案里の証言を額面通りに受け取ることはできなかった。

克行が地方議員や後援会員らに現金を提供していたことは「知らなかった」とも証言。案里は、克行による2千万円超の買収疑惑が報道される中で不安を感じたとし、克行に真相を問いただした際のやりとりを次のように述べた。

案里「2千万円という額が報じられました。私はさすがに不安になりました。主人に聞きました。『2千万円は何の額なのか。何の用事でその額が出ていったんですか』と厳しく問いただしました」

弁護人「克行さんの答えは」

案里「主人は……。『あんたは知らない方がいい』と言いました。それで私はそうした主人の口ぶりで、間違ったお金ではないかとその時に思いました。『知らない方がいいといっても、私の選挙は私が知る義務があるし、責任がある』と言いました」

案里の声は小刻みに震えていた。

【案里の第27回公判】(11月20日)

被告人質問(3日目) 1億5千万円の管理は主人が

被告人質問の3日目。攻守が替わって、検察側が質問に立った。案里は「記憶にありません」「思い出すことができません」と答える回数が増えた。声色は厳しく、検察官への対決姿勢がにじんでいた。

検察側が質問を終えた後、裁判長の高橋の右に座る女性裁判官が「党から多額の金が渡されたことは知っていたか」とただした。自民党本部が参院選前に河井夫妻の党支部に振り込んだ1億5千万円の問題については、弁護側、検察側ともこれまでの被告人質問で取り上げていなかった。

案里は「いいえ、いただいているか知りませんでした」と述べた。少し声がうわずっているように聞こえた。裁判官は質問を続けた。

裁判官「党が出してくれていたことは知っていたか」

案里「はい」

裁判官「ただ、その詳細はわからなかったということか」

案里「はい」

裁判官「お金は誰が管理していたのか」

案里「それは主人が行なっていました」

裁判官は、世間の注目を集める巨額資金の問題が気になったのだろう。裁判官の鋭い質問に、弁護側、検察側は双方押し黙り、うつむき加減だった。

求刑

【案里の第28回公判】（12月15日）

案里の公判は最終盤に入った。この日は検察側による論告求刑。初公判は夏だったが、すでに季節は冬に変わっていた。

　案里は白いマスクに黒のワンピーススーツ姿。左胸に議員バッジをつけ、開廷前は弁護人と談笑していた。傍聴席にいる中川は「緊張の裏返しだろうな」と思った。

　論告求刑では、それまでの公判で調べた証拠の内容に基づき、検察官が刑について意見を述べる。検察官はA４判で50ページ近くある書面を早口で読み上げていく。案里は手元の資料を読みながら、ノートにメモを取ったり、小声で弁護人に話しかけたりしていた。どこか落ち着きがないように見えた。

「被告の弁解は明らかに虚偽」

　論告の終盤、検察官の口調は厳しさを増し、買収の意図を否定して無罪を訴える案里を批判。「反省の情は皆無」と指弾した。案里は次第に裁判官の方に目をやることが多くなる。時折眉間にしわを寄せ、厳しい表情も見せた。

　読み上げ開始から約2時間。検察官は息を吸い、ひときわ大きな声で「求刑します」と宣言。「懲役1年6月を求刑する。5年間の公民権停止が必要で、それより短くするべきではない」と一気に読み上げた。その瞬間、案里の体が一瞬、こわばったように見えた。

【案里の第29回公判】（12月23日）
大演説

初公判から約4カ月。案里の公判は結審の日を迎えた。

まず、弁護人による最終弁論があった。県議らが現金授受の際に案里の買収意図を感じたと証言している点に関し、「検察官の意向に迎合しており、信用性を認められない」と指摘。県議らを被買収罪で起訴していない検察側の捜査や立証を批判し、現金は県議選の陣中見舞いや当選祝いだったなどと強調した。最終弁論は2時間近くにわたった。

これが終わると案里が証言台の前に向かった。

カツ、カツ、カツ……。法廷にはピンヒールの靴音だけが響きわたった。被告人が最後に自らの意見を述べる最終意見陳述だ。案里は1枚の紙を手に語り始めた。

冒頭は検察への捜査批判。憤りとともに言葉は熱を帯びていく。起訴内容を全面否定し「買収はあまりに失礼なこと。断じてしていない」と語気を強めた。案里は10月27日の保釈以降、元気を取り戻したように見えた。

一瞬、声が詰まりそうになったのは、広島県内の有権者や後援会関係者に謝罪した時だった。03年に県議に初当選して以来、娘のようにかわいがってもらったと回顧。「私の一番の苦しみは、こうした方々の心を深く傷つけてしまっていることです。でも、どうか皆さまには、私を信じていただきたいのです。本当は、直接お会いしてご説明したいところですが、それもかなわず、心からおわびを申し上げます」と語った。両耳を真っ赤にして、涙をこらえていた。

3分間の最終意見陳述の最後に、案里は重ねて有権者に向けて語りかけた。

「広島の皆さまには大変恥ずかしい思いをさせてしまっています。そのことをお許しください。しかし、私は、皆さまを裏切るようなことはいたしておりません。どうか私を信じていただきたく存じます」

深く頭を下げた。

聞き入ってしまうほどの「大演説」だった。だが、中川には怒りの感情が湧き上がっていた。「語るべき相手はこの場の人間だけではない。広島の有権者に説明しないといけないだろう」と。

この事件で広島の政界は大混乱。有権者からは政治への怒りの声が噴出していた。案里は疑惑の渦中にあった時は、捜査を理由に説明を拒んだ。保釈されて以降も、国会の本会議や委員会に出席できる状態になったのに、欠席を続けた。その間、歳費や期末手当はもらい続けた。

にもかかわらず法廷で自らの主張をとうとうと語るだけの案里に、中川は共感できなかった。

判決

【案里の判決公判】（2021年1月21日）

午後2時26分、案里は弁護人らとタクシーで東京地裁に入った。法廷では黒いスーツに議員バッジをつけて弁護人の横に座った。克行の弁護人たちの姿もあった。

午後3時に開廷。裁判長の高橋に促されて案里は証言台の前へ。前に手を組んで背筋を伸ばして立ち、言い渡しを待った。

高橋は「判決を言い渡します」と述べた後、判決文を淡々と読み上げた。

「被告人を懲役1年4月に処する。この裁判確定の日から5年間、その刑の執行を猶予する」

案里の無罪主張は退けられ、有罪の判決だった。県議4人に渡した計160万円を買収のカネと認定し、江田島市議への10万円は案里の関与を認めず無罪とした。懲役の期間は、求刑よりも2月少ないものだった。案里は真正面を向いてうなずいていた。

刑の内容に関する言い渡しが3分ほどで終わると、案里は証言台のいすに座り、高橋が読み上げる判決理由に耳を傾けた。その間、案里は目を閉じて体を左右に揺らしたり、不服そうに首をかしげたりしていた。すると、急に肩を震わせて号泣。あふれでる涙を必死に両手で拭う場面もあった。

案里が県議4人に渡した計160万円の趣旨について、案里側は「参院選の約3カ月前にあった県議選の当選祝いや陣中見舞いだった」などと無罪を主張したが、高橋は▽参院選で選挙応援を期待できる関係にあった　▽2人きりの状況で現金を提供した　▽領収書が発行されていない、などと指摘。「現金授受の時期、状況、金額などを総合して考えると、票の取りまとめの報酬として供与したと認められる」として買収罪の成立を認定した。

高橋は最後に「民主主義の根幹である選挙の公正を害する犯行。供与額はそれぞれ30万円から50万円の合計160万円と多額に及ぶものであって、被告人が負うべき刑事責任は重い」と指弾した。

判決公判は1時間14分で終わった。案里は証言台で2回、弁護人の席で1回、裁判官へ頭を下げた。

閉廷後、案里は弁護人を通じ、「一部の主張しか受け入れられておらず、その点では大変遺憾。判決内容を精査し、今後の対応を検討したい」とのコメントを発表した。控訴期限の2月4日までに控訴がなければ、判決は確定する。

案里が議員辞職、有罪判決確定

案里の政策秘書が2月3日午後、参院事務局に案里の議員辞職願を提出した。その3時間半後、参院本会議で辞職が認められた。案里の記者会見などはなく、文書1枚のコメントを出しただけだった。東京地裁の有罪判決を受け入れるとしつつ、こう記述していた。

「判決については、その内容には納得しかねます。金員で人の心を買うことはできない、というのは私の信念であり、これまでの政治生活のいずれの場合においても、有権者の皆さまを裏切るようなことは決していたしておりません。しかし、民信なくんば立たずという精神には、一点の曇りもない政治的信用性が求められるべきと承知しております。たとえ一審でもその信頼を回復できなかったことは政治家として情けなく、政治的責任を引き受けるべきと考えております。これ以上争いを長引かせ混乱を生じせしめることも私の本意ではなく、控訴申立てはいたしません」

19年10月に最初の買収疑惑が浮上した際に「事実関係の把握に努め、説明責任を果たしたい」としたが、約束を果たさないまま1年半の参院議員生活を終えた。

古巣の自民党では、この辞職シナリオは早くから幹部で共有されていた。複数の関係者によると、党幹部の1人は1月下旬、「間違いなく近々辞める」と自信満々に周囲に語ったという。以降、党関係者には「党本部が案里を辞めさせるという話ができている」との見方が急速に広がっていたという。


案里の有罪判決は5日に確定した。失職して当選無効となった。これに伴い、参院広島選挙区の再選挙が衆院北海道2区、参院長野選挙区の両補選とともに4月に行なわれることが決まった。4月8日告示、25日投開票となる。

自民党は水面下で候補者の人選に動き出していた。野党も当然、候補者を立てるだろう。河井夫妻の事件に対する県民の不信感は相当なものがある。だが、広島は「自民王国」でもある。

「なんだかんだ言っても、再選挙も自民が有利なのでは」

政界やマスコミ関係者の間では、そういう見方が少なくなかった。

第10章／克行 公判

【克行の第９回公判】（２０２０年11月４日）

公判再開

河井克行が弁護人を解任した影響で、案里単独の裁判は先行。２０２１年１月21日に有罪判決が言い渡され、そのまま確定した。

案里と分離された克行の公判には、弁護人７人が新たに選任された。しかし７人のうち５人は、９月に解任された弁護士だった。専門家は「一連の対応は時間稼ぎと受け取られても仕方ない」と指摘した。

案里の判決から約2カ月半さかのぼるこの日、約1カ月半ぶりに克行の公判が再開された。

この日は東京地裁と検察側、弁護側が今後の日程を協議した。克行は出廷したが、発言の機会はなかった。

【克行の第11回公判】(11月19日)

高慢な態度

検察側が、克行から現金を受け取ったとされる後援会関係者10人の供述調書を朗読。全員が、案里を当選させる目的の現金と感じたと認め、一部は克行が立候補した過去の衆院選でもカネを受け取ったと供述していた。

後援会副支部長の男性の調書によると、克行に「参院選に案里が出るからよろしく」と言われ、「車代だから」と5万円入りの茶封筒を差し出された。違法なカネと思ったが、克行の顔を立てて受け取った。

男性は、克行が当選した12、14、17年の衆院選の前にも5万円をもらったという。「受け取った理由として「克行被告が高慢な態度で、選挙を手伝うメンバーに『ありがとう』も言わない。メンバーをつなぎ留めるため、飲み食いさせなければいけなかった」と釈明。「選挙はもうこりごり」とも語っていた。

別の後援会幹部の男性は、参院選前に10万円を受け取ったと説明。親戚や友人の名前を書いた後援会入会申込書を案里の事務所に提出し、公示日には選挙ポスターを貼って回ったという。12、14、17年の衆院選でも各5万円を受け取ったと打ち明けていた。

証人のうそ

【克行の第12回公判】（11月26日）

克行の公判でも「被買収者」の証人尋問が始まった。1人目は自民党の広島市議、今田良治（73歳）。参院選前の19年3月と6月に計50万円を受け取ったと認め、買収目的の現金と感じたと証言した。

今田はこのカネを返そうと広島市安佐南区の克行の事務所の駐車場で待機したが、会えなかったと説明。安佐北区の二つのまちづくり団体に50万円を寄付し、20年8月に別の50万円を用意し、克行の事務所に送ったと述べた。

弁護側は反対尋問で、今田が克行の事務所の駐車場で待機したとする3日間は国会会期中の平日で、克行は地元にいない可能性が高かったとし、「本当に返す気があったのか」と追及した。

「受領した50万円を安佐北区の二つのまちづくり団体に寄付した」

同区にある中国新聞安佐北支局長の重田広志（33歳）は、今田のこの証言に疑問を抱いた。事実なら、選挙区内での寄付を禁じる公選法違反に問われる。今田は当選6回のベテランで、公選法の規定も知っているはずだ。

法廷での今田の説明に、地元のまちづくり団体の間では「どこがカネをもらったのか」という声が飛び交った。そこで重田がいくつかのまちづくり団体の代表者に聞いたが、寄付を受けた団体はわからなかった。今田にも何度も問いただした。しかし、「迷惑がかかるので寄付先は明かせない」と突っぱねられた。今田に対する告発状が広島県警に提出され、捜査も始まった。

その後、今田が県警の聴取で公判での証言を翻し、「寄付はしていない」「生活費に充てた」などと供述していることが判明。今田は重田の取材に「寄付する準備をしていたので、自分では寄付したとの認識だった。公判証言はうそだと考えていない」と語った。

県警は公選法違反（寄付行為の禁止）に加え、克行の公判で虚偽の証言をしたとして偽証容疑でも書類送検。広島地検は21年7月、いずれも嫌疑不十分で不起訴処分とした。

今田は重田の取材に対し、議員活動を続ける意向を示し、「有権者に申し訳ないことをした。後援会と相談し、今回の経緯を説明する場を設けたい」と述べた。重田は、まちづくりに汗を流す住民たちの姿が思い浮かび、やりきれない思いが募った。

【克行の第15回公判】（12月3日）

返さないとお縄になる

参院選当時、安芸高田市議会の副議長だった元市議の水戸真悟（71歳）が、克行から10万円入りの封筒を受け取ったと証言。「双方とも罰せられる認識を持っていた」と述べ、違法性を認めた。

水戸によると、市議会の副議長室を訪れた克行が案里への支援を依頼。帰り際に封筒を机の上に置き、足早に去ったという。

克行が去った後、同じ日に克行から20万円を渡された当時議長の先川和幸と「返さないといけん。お縄になる」と話したという。水戸は机の引き出しなどに10万円を保管。一部を飲食代などに使い、後で穴埋めしたという。参院選の公示前には案里のポスターを貼ったり、集会で案里への支援を訴えたりしたほか、公示後は選挙カーの先導役を務めた。

水戸は、克行と案里が逮捕された後の20年6月26日に現金授受の事実を公表し、7月17日に議員を辞職した。証人尋問で辞職理由を問われると、「行政、市民に多大な混乱を招いたことに責任を痛感している」と語った。

この日の公判では、自民党の広島県議・奥原信也と同県安芸太田町議・矢立孝彦の証人尋問もあった。いずれも9月の案里の公判に続く二度目の証言。ともに違法性を認めた。

奥原に対する弁護側の反対尋問では、気になる質疑があった。

奥原が1998年の参院選広島選挙区で自民党の2人目の公認候補として立候補した際、衆院議員だった克行に300万円を渡したかどうかを弁護側が質問。奥原は「記憶にない」と答えた。

克行が現金をばらまいたのと同じ参院広島選挙区で21年前にあった選挙である。2議席独占に向けて自民党が2人の公認候補を立て、1人しか当選できなかった点も共通する。奥原は3位で涙をのんだ。

閉廷後、弁護人は報道陣に対し、「克行が奥原から300万円を受領したと話している」と明かした。

【克行の第16回公判】(12月4日)
安倍総理から

この日の証人は参院選当時、広島県北広島町議会議長だった元町議・宮本裕之(61歳)。

宮本によると、参院選前の2019年3月23日に克行が自宅を訪れ、案里が当時総理大臣の安倍晋三たちと写っている記事を見せながら選挙の応援を求めた後、「これ、安倍総理から」と20万円が入った白い封筒を渡された。「困ります」と返そうとしたが、「大丈夫」と押し返されたという。

「総理から」という言葉について宮本は「党本部が本気で案里さんを応援すると知らせたかったのだと思う」と述べた。

【克行の第17回公判】（12月8日）

20万円を内ポケットに

「1対1のやりとりで、まさか表面化するとは考えていなかった」

自民党の広島市議、伊藤昭善（いとうあきよし）（69歳）の言葉だ。そして克行から買収目的の金を受領したと証言した。

市議選で3期目の当選を決めた翌日の19年4月8日、克行が「当選祝い」「案里のこともあるから」と30万円を渡してきた。参院選が翌月に迫った6月1日にも車の中に招き入れられ、「活動費」として20万円を内ポケットに入れられた。カネは事務員の給与の支払いや冠婚葬祭に使ったという。

過去の克行の衆院選でも、選挙戦が始まる直前に現金を受け取っていたと語った。

中川雅晴は法廷でメモを取りながら、ある光景を思い出していた。13年から17年にかけて伊藤の選挙区でもある安佐北区を担当する安佐北支局長だった当時のことだ。

中川が伊藤の後援会事務所を訪ねたある日。2人で話をしていると、事務所前の幹線道路で「ドーン」と音が響いた。すぐに事務所から飛び出すと、40代ぐらいの女性が乗用車にはねられていた。伊藤は倒れ込む女性を見て「〇〇くんのお母さんだ」と言うと、中川があたふたしている間に

119番し、手慣れた様子で女性を介抱。交通整理に当たった。

その時、偶然下校中だった女性の息子が事故現場を通りかかった。伊藤は泣き出した児童に「○○くん、大丈夫だから。安心しろ」と優しく声をかけ続けた。日頃から登下校の見守りを続けていた伊藤は、児童の名前も知っていたのだ。普段はぶっきらぼうな口調だが、優しい地域のオッチャンだった。それなのに法廷で過去の衆院選も含めて克行から現金をもらっていたことが明らかになり、中川はショックを隠せなかった。

【克行の第18回公判】（12月9日）
パチンコ好きなので「ラッキー」

検察側が、克行から10万円を受け取ったとされる元安芸高田市議の青原敏治（69歳）の供述調書を朗読した。その供述内容は信じがたいものだった。

供述調書によると、克行が参院選の1カ月前に案里のポスターなどを持参して青原の自宅を訪問。「家内を頼む」という趣旨の話をした後、「これも取っといて」と封筒を差し出してきた。青原は違法な現金と気付いて受け取りを拒んだが、克行は「まあまあ。入れておきますね」と、チラシなどが入った大きな封筒の中に入れた。

克行が帰宅後に封筒を開けると、10万円が入っていた。罪悪感を覚えたが、パチンコが好きだったため「ラッキー」と思い、1、2カ月で全額を同市内のパチンコ店で使った。参院選の公示日には案里の出陣式に参加。選挙期間中は選挙カーの誘導をするなど、案里を支援したという。

傍聴席からは失笑も漏れた。だが、それ以上に「パチンコ？ 何かおかしいぞ」。中川は思わずペンを持つ手を止めた。以前、本人が語っていたこととは全く異なる供述がされていることに気付いたからだ。青原はうそをついている。

この現金授受を巡っては、青原は20年6月26日に記者会見をした。克行が案里のチラシが入った封筒を自宅に置いて帰ったが、封筒に10万円が入っていることに気付かず、中身を確認しないまま参院選後に封筒ごと燃やしたと説明していた。その後、市民に迷惑をかけ、混乱を招いたとして、7月17日に市議を辞職した。

公判終了後、中川はデスクの荒木紀貴にすぐに報告。「青原さんに当たってもらう必要がありま す」と伝えた。司法担当の記者は、公判のやりとりを単に報じるだけではない。公判でつかんだ断片情報をヒントに、真実をつまびらかにすることも大切な仕事だ。

荒木はすぐに安芸高田支局長の和泉恵太に連絡し、青原の自宅に向かってもらった。青原は自宅前で質疑に応じた。

――公判で供述調書の読み上げがあり、記者会見の内容と大きく違っていた。理由を説明してほしい。

「別にあなたらに話す必要もないし。話すことはない」

――現職時の記者会見で全く違う説明をしていた。

「それはそうかもわからんよの」

——市民に公の場でうそをついていたことになる。

「いいじゃないもう。責任取って辞めとるんじゃやけ。ぐずぐず言うことはなかろう」

——市民に説明する義務がある。当時は現職だったのだから。

「何の義務がある。あんたらに（説明する）義務はありゃせんよ一つも」

——結果的に公の場でうそをついたんですよね。

「うそを言うたんじゃろうて。そう書くなら、そういうふうに書けや。そがなことでいいけぇ」

——調書ではパチンコに使ったと出た。

「じゃけそれでええじゃん」

——ラッキーと思ってもらったとも出た。

「ラッキーとは思っちゃおらんよ、一つも。そりゃ検察が書いたんじゃけ。わしはそれを読んだだけじゃやけ」

——ラッキーとは言っていないと。

「言ってないですよ、わしは」


封筒ごと燃やしたという青原の説明に疑念は持っていたが、まさか全額をパチンコに使っていたとは……。取材を終えた和泉は落胆した。普段から取材してきた相手でもあり、信じたいという思いも心のどこかにあった。一方で、政治家の言葉を簡単に信用してはいけないと自戒した。「責任を取って辞めたんだからいいじゃないか」と開き直る青原の姿勢には、到底賛同はできなかった。

【克行の第19回公判】（12月11日）

30万円か。少ないな

呉市議の土井正純（55歳）が出廷し、克行から30万円を渡されたと証言した。

参院選投開票日の3日前、呉市内にある案里の選挙事務所で克行と面会。克行は「選挙は最後の最後までよろしく」などと言った後、無言で封筒をテーブルの上に差し出した。土井は買収目的の現金と思い、返そうとしたが、再び無言で差し出され、最終的には胸ポケットに納めたという。封筒に入っていた30万円は自身の口座に入金した。

弁護側は反対尋問で、検察当局が作成した土井の供述調書を朗読。「国会議員のくせに30万円か。少ないな。こんなもの持ってきて。政治活動で使ってしまえと思って口座に入れた」との内容を読み上げ、当時の心境をただした。土井は「（自分が）それだけの価値しかないのかなと思った」と釈明した。

20年7月に呉市議会が全会一致で辞職勧告を決議したのに、土井が辞職していない点も質問。土井は「このまま頑張れという有権者は多くいる。その代表として議員をやっている」と語った。

【克行の第20回公判】(12月14日)

下心の金

検察側は、自民党の広島市議、谷口修（たにぐちおさむ）（74歳）ら8人の供述調書を朗読した。供述調書によると、谷口が立候補していた市議選の最中の19年4月5日、克行が自宅を訪ねてきた。克行の秘書が谷口と同じ選挙区に立候補したことで仲たがいをしていたといい、克行が「秘書を出して失礼した」と謝罪。50万円が入った白封筒を差し出してきた。

現金の趣旨について谷口は供述調書で「私とのわだかまりを解いて、案里さんを当選させるため、投票を呼びかけたり、応援弁士として協力したりしてほしいという下心と思った」と述べていた。

【克行の第22回公判】(12月21日)

表に出ないお金

この日は、丸刈りになり謝罪会見を開いた安芸高田市の前市長、児玉浩（57歳）が計60万円の受け取りを認め、買収の意図を感じたと証言。克行から「表に出ないお金と言われた」と明かした。

当時は広島県議だった児玉が県議選で無投票当選を決めた19年3月29日、克行が安芸高田市内の事務所に来て、30万円が入った白封筒を渡してきた。「当選祝いだから」と言い、領収書の発行は求めなかった。

同5月26日には同市内に駐車中の乗用車内で30万円が入った白封筒を差し出され、会計処理を尋ねると、克行から再び「これは表に出ないお金」と言われた。参院選に出る案里を応援してもらいたい意味が含まれていると思ったという。

現金授受の事実を公表せず、20年4月の市長選に立候補した理由について、児玉は「当時は新型コロナウイルスでマスクが足りない状況。他に立候補者がおらず、(市政を)前に進めないといけなかった」と釈明した。

自民党の広島市議、沖宗正明(おきむねまさあき)(69歳)の証人尋問もあった。沖宗は克行から2回にわたり計50万円を受け取り、案里への集票を依頼されたと感じたと証言。現金は生活費に使ったという。「受け取るべきではないお金を受け取り、脇が甘かった」と述べた。

【克行の第23回公判】(12月24日)
付き合いがないのに30万円

前日の12月23日、案里の公判は弁護側による最終弁論を終え、判決を残すのみとなった。だが、克行の公判はまだ中盤にも入っていなかった。

この日の証人は自民党の広島県議、平本英司(ひらもとえいじ)(47歳)。

19年4月の県議選で初当選を決めた後の20日、克行が三原市内にある平本の後援会事務所を訪問。「当選おめでとう。人気があるんだね」などと言った後、机の上に「お祝い」と言って白い封筒を差し出してきた。平本は受け取りを拒んだが、「まあいいから」と置いて帰られたという。封筒には30万円が入っていたという。

平本は「付き合いがないのに、あまりに高額だった。参院選への投票依頼の趣旨のある違法な金と思った」と証言した。

【克行の第24回公判】(12月25日)
領収書は「必要ない」

克行から2回にわたりそれぞれ50万円を受け取ったとされる、いずれも自民党の広島市議の三宅(みやけ)正明(まさあき)(48歳)と八軒幹夫(はちけんみきお)(61歳)が証言した。

現金の趣旨について、三宅は案里への集票を依頼する目的だったと認め、「違法な現金だと思った」と説明した。

一方、八軒は「市議選の陣中見舞い、当選祝いとして受け取ったが、案里被告のことが頭をよぎった」と説明。「領収書の宛先はいかがしましょうか」と聞くと、克行は「必要ない。必要なら私から言う」と答えたと述べた。

【克行の第25回公判】（2021年1月8日）

証人、買収の意図を否定

年が明けて初めての公判。自民党の広島県議、渡辺典子（36歳）が克行から現金を受け取ったと認める一方、政党支部から自身の後援会への寄付だったとして買収の意図を否定した。

これまでの公判で、現金を受け取った議員など地方政治家24人が検察側の証人として現金の趣旨について証言しているが、買収の意図を明確に否定した証言は初めてだ。

渡辺によると、参院選が約1カ月後に迫った19年5月29日、克行と広島市安佐北区内の企業を訪問。克行が案里への支援を求めた帰り際、克行の車に入るように促され、「大丈夫。いつものだから」と言われて10万円を受け取った。

渡辺は夏と冬の年2回、克行が支部長の自民党支部から各10万円を克行の事務所で受領。領収書を発行し、政治資金収支報告書にも載せて後援会への寄付金として処理していたという。19年5月29日の10万円についても「寄付金として受け取ればいい。買収の趣旨なら受け取らなかった」と強調。同年の収支報告書に記載した。ただ、領収書は発行していなかった。

【克行の第26回公判】（1月12日）
助けてください

この日の証人は、広島県議2人と広島市議1人の計3人だった。

自民党県議の宮本新八（みやもとしんぱち）（61歳）の証言によると、克行が県議選告示2日前の19年3月27日、北広島町にある宮本の事務所を訪問。案里が出る参院選に触れて「助けてください」と話し、帰り際に30万円入りの白封筒を出してきた。同年5月24日には同町の商工会の会議室で「いつものだから」と20万円入りの白封筒を渡され、いずれも受け取った。宮本は「表に出してはいけないお金。公選法違反と思った」と説明した。

宮本の選挙区は克行の選挙区（衆院広島3区）内にある。15年頃から夏と冬に「氷代」「餅代」として克行から各10万円を受け取るなどしていたが、17年より前の分は収支報告書に載せていなかったという。

同じく自民党県議の岡崎哲夫は19年3月30日に案里から30万円、同年6月5日に克行から20万円を受領したと証言。「違法性のあるお金だと思った」などと述べた。

一方、広島市議の石橋竜史（48歳）は19年5月26日に安佐南区の克行の事務所で「2人だけの秘密」と言われ、30万円が入った白封筒を内ポケットにねじ込まれたと説明。現金の趣旨については「（同年4月の）市議選の当選祝いと思った」と話した。

検察官は、石橋の任意聴取の内容を記録した20年4月の供述調書に「(現金は)参院選で案里被告に投票や票の取りまとめを呼びかける念押しだった」と記載されていると指摘。法廷での証言と食い違っているとして「どちらが事実か」と聞くと、石橋は「本日です」と述べた。

石橋は現在3期目。今回の事件以前に克行から当選祝いを渡されたことはなかったという。一方で例年2回、「季節のごあいさつ」として各10万円から20万円を受領。収支報告書には載せていなかったと語った。

石橋はフリーアナウンサーとしての経歴も持つ。過去3回の市議選に無所属で立ち、2回はトップ当選だった。克行の裏金提供の狙いを「自分をコントロールしたい、子飼いのような状態にしたいという思いがあったのではないか」と推察する。

【克行の第27回公判】(1月13日)

後援会員「15年前頃から」

出廷したのは後援会員の男性。克行から参院選前に買収目的の10万円を受け取り、過去にも現金をもらっていたと証言した。後援会員が法廷で証言したのは初めてだった。

男性によると、参院選公示2カ月前の19年5月6日、克行が男性の自宅を訪問。玄関前で「これ取っといて。よろしく頼むよ」と10万円入りの白封筒を渡された。男性は「案里さんの票を取るために頑張ってほしいのだと察した。金額が多いので、一生懸命応援しないといけないと解釈した」

と証言。公示前に親戚や知人に案里のポスターや推薦はがきを配り、集会にも参加したという。

男性は15年前頃から年末に克行から事務所に呼び出され、3万円から5万円が入った封筒を5、6回受け取ったとも説明。「自分を含め、皆さんに河井先生を支持してもらうお願いのカネと思った」と述べた。

【克行の第28回公判】（1月14日）
ここ十数年は会話もしたことがないのに

自民党の広島県議、砂原克規（すなはらかつのり）（67歳）らの証人尋問があった。砂原の証言によると、支援者から克行と会ってほしいと頼まれ、参院選2カ月前の19年5月上旬に後援会事務所で面会。「参院選で案里をお願いします」と言われ、選挙グッズが入った紙袋を渡された後、帰り際に20万円が入った封筒を差し出された。

砂原は「選挙違反のカネ」と思い、拒んだが、克行は封筒を引っ込めなかった。砂原は、克行の自民党支部からの交付金として処理するため「領収書を書きましょうか」と言ったが、克行は「まあまあ」と応じず事務所を後にした。20万円は生活費に使ったという。

同年6月1日にも克行が同事務所を訪問。「引き続き、参院選をよろしく」と選挙グッズを託し、30万円入りの封筒を置いて帰った。このカネは妻に預けたが、事務所の経費に使ったため、穴埋めした。計50万円は、自身の自民党支部の19年の政治資金収支報告書に克行の同党支部からの交付金として記載し、県選管に提出した。実際には交付金と認識していなかったという。

この日は、同じく自民党県議の山下智之(やましたさとし)(61歳)も出廷した。証言によると、県議選中の19年3月31日に克行が山下方を訪問。山下の父親で元廿日市市長の三郎(さぶろう)に30万円入りの封筒を渡して帰り、翌4月1日に山下がその封筒を三郎から受け取った。

山下は過去の県議選で克行から陣中見舞いをもらったことはなく、ここ十数年は会話もしたことがなかったという。「現金は案里被告の参院選の応援、支援をしてくれという趣旨と感じた」と述べた。同年5月下旬、克行から30万円を受け取ったとされる自民党県議の窪田泰久(くぼたやすひさ)(44歳)と一緒に、安佐南区にある克行の事務所で封筒ごと返金した。

【克行の第29回公判】(1月18日)
通帳に「河井事ム所」

いずれも自民党の広島県議、沖井純(60歳)と窪田泰久が、県議選の当選祝いの名目で克行から現金を渡されたと説明。

沖井の証言によると、無投票で5選を決めた約2週間後の19年4月13日、江田島市内にある沖井の事務所を克行が訪問。「お祝いです」と白い封筒を差し出してきた。中には1万円札が入っており、数えていないが、厚さなどから50万円が入っていると思ったという。

それまで克行とは関係が途絶え、過去に当選祝いをもらったこともない上、克行の妻・案里が参院選広島選挙区の自民党公認候補に決定していた。沖井は「買収目的以外考えられない」と思ったが、「強引に返すと失礼に当たる」と考え、受け取った。

その後、同じく自民党県議の安井裕典から「案里が現金を差し出してきたが、受け取らなかった」と言われ、同月18日に広島市安佐南区にある克行の事務所に行き、返金したという。

窪田は、無投票で4選が決まって5日後の19年4月3日に克行が同市南区の事務所にやってきて、「おめでとう」と30万円入りの封筒を出してきたと説明。過去に当選祝いをもらったことはなく、参院選の支援を求めるためだと思ったが、断り切れずに受け取ったと釈明した。

その日のうちに30万円を個人口座に入金。返すつもりだったため、記帳した通帳の入金記録のところに「河井事ム所」と書き入れた。同年5月29日、克行から30万円を受け取っていた自民党県議の山下と一緒に克行の事務所に行き、返金したという。

【克行の第30回公判】（1月20日）

奥の人目につかない所に

この日の証人は自民党の広島市議、木戸経康（きどつねやす）（65歳）。

市議選中だった19年4月3日、克行が選挙事務所を訪問。奥の人目につかない所に連れて行かれ、「これ、取っといて」と30万円が入った白い封筒を渡された。

た。

木戸は選挙応援を頼む違法なカネと思って断ったが、無理やり押し付けられ受け取ったと説明した。

参院選公示が1カ月後に迫った6月7日には、安佐北区の公民館であった案里の演説会で木戸があいさつに立ち、支援を呼びかけた。公民館を出たところで克行の秘書から駐車場の車に乗るよう促され、車内に入ると、克行から「これ」と白い封筒を再び差し出された。案里への集票依頼の趣旨と感じ、受け取らずに車から出たという。

【克行の第32回公判】（1月25日）

亀井静香秘書「ばかもの」

この日の証人は元金融担当相、亀井静香の元公設秘書の男性。100人の現金受領者の中で最高額の300万円を受け取ったとされる。元公設秘書はその受領を認め、「公選法に違反すると思った」と述べた。

証言によると、克行は参院選の約2カ月前の19年5月31日、広島市内の事務所に元公設秘書を招き、「案里が大変な状態。助けてください」「亀井先生にあなたのことを言ってある」などと支援を要請。100万円入りの茶封筒を差し出した。元公設秘書は断ったが、「選挙はいろいろかかりますから」と言われ、受け取った。

参院選公示前日の7月3日にも同市のホテルの個室で克行と面会。「マツダの下請け50社を回ってもらえないか」と依頼されて断ったが、200万円が入った茶封筒を渡された。

亀井は広島県庄原(しょうばら)市出身。県北部や東部の衆院広島6区を地盤とし、建設大臣や自民党政調会長、国民新党代表などを歴任。17年に引退した。元公設秘書によると、亀井事務所は存続し、後援会の組織網もあるという。

元公設秘書は、亀井から「うちは（野党系の）森本だから、本末転倒をしないように。おまえができることをやってくれ」と言われていたと述べた。選挙期間中は、後援会の女性会による「電話作戦」などで案里への支持を呼びかけたという。

現金授受に亀井の関与はあったのか。公設秘書は明確に否定し、検察官の任意聴取で現金受領を認めた20年5月28日の数日前に亀井に報告したと説明した。

検察官「亀井氏に何と言われたか」

元公設秘書「正直にお答えして話すようにということでした」

検察官「どんな言葉か」

元公設秘書「『ばかもの』とお叱りを受けました」

300万円は知人に預けていたとし、同年5月に検察へ提出したという。

【克行の第33回公判】(1月26日)

選挙違反のにおい

2人の自民党広島市議が証言した。

元議長の藤田博之(82歳)の証言によると、自身の市議選があった19年3月下旬、克行が藤田の事務所を訪れ、参院選の情勢を話した後、50万円が入った茶封筒を差し出してきた。藤田は断ったが、再び差し出され、「私個人のお金で、何も心配いらない。領収書はいらない。存分に活用してください」と言われて受け取った。

参院選の公示1カ月前の6月1日にも克行が再び訪問。「当選祝い」として20万円入りの白封筒を渡され、最終的に受領した。「案里が出遅れているが、頼む」と言われたという。

藤田は「選挙が近づき、必死なんだと思った。選挙違反のにおいがぷんぷんした」と振り返った。1回目の50万円は郵便切手の購入などに使い、2回目の20万円は党支部に入金したという。

続いて証言した木山徳和(69歳)は、市議選中の19年3月31日に克行と事務所で面会したと説明。克行から「これを」と30万円が入った白封筒を渡され、一度は断ったが、「事務所で使って」と言われて受け取ったと述べた。

木山は現在8期目。このカネの趣旨については「市議として頑張ってもらうため、陣中見舞いを持ってきてくれたと思った」と強調した。一方で、克行から陣中見舞いを含めて過去に金銭をもらったことはなかった。30万円については領収書をやりとりせず、選挙運動費用収支報告書に記載していなかった。「克行被告に確認してから出そうと思っていた」と説明した。

検察官は、木山が20年4月の任意聴取で現金の趣旨について「案里被告の投票の働きかけの依頼だった」と供述していたと指摘。現在の認識を問われた木山は「（投票依頼とは）思っていない。長い時間取り調べを受け、精神的にまいっていた」と述べた。30万円は同年4月に検察庁に提出したという。

【克行の第34回公判】（1月28日）

みんなもらっている

証人尋問に臨んだのは自民党の広島市議、豊島岩白（としまがんぱく）（48歳）。

市議選中の19年3月31日、克行が選挙の激励として西区の事務所を訪問。市議選情勢を話した後、帰り際に「よろしく」と30万円が入った封筒を差し出してきた。豊島は断ったが、「みんなもらっている」と言われて受け取った。

豊島は過去3回の市議選で克行から陣中見舞いをもらったことはなく、この日の訪問の狙いは「激励は大義名分で、本質は案里被告への応援依頼」と思っていたという。

さらに参院選が翌月に迫った6月7日、再訪してきた克行から「（案里を）応援してくれる広島県議、市議はいないか」と相談を受けた。自民党県連が現職の溝手顕正を支援する方針だったため、「表立って応援する人は、なかなかいない」と返答。帰り際に再び20万円入りの封筒を渡されたという。

尋問の中で豊島は「違法で、危ないお金という認識があった」と述べた。政治団体間の寄付として処理するため、領収書の発行を打診したが、拒否されたという。現金を受領した理由は「国会議員のメンツをつぶすと、自分の政治活動のリスクになると思った」と釈明。参院選中は案里の演説会を開くなど支援した。

克行が当選した12年か14年の衆院選の前に、克行から約10万円を受け取っていたことも明らかにした。「選挙の応援依頼」と受け止め、知人や友人に克行への投票を呼びかけたという。

「政権中枢にあられた衆院議員自らの突如のアプローチに、瞬時にあらゆるリスクを想定してしまい、それをはね返すことができなかったことは忸怩たる思いでいっぱいです」

克行と案里の初公判から一夜明けた20年8月26日。豊島のフェイスブックには、克行から現金を受け取ってしまった行為を恥じ入る思いが書きつづってあった。

【克行の第35回公判】（2月1日）

シャツとズボンの間に封筒を

三原市の前市長、天満祥典（73歳）が150万円を受け取り、買収の意図を感じていたと証言した。

19年3月27日、三原市内のビルの一室で河井夫妻と面会。参院選での支援を頼まれ、帰り際に克行から50万円入りの封筒を内ポケットに入れられた。「困ります」と拒んだが、「よろしく」と言われて受け取った。

6月2日には、広島市内であった案里の政治資金パーティーに出席後、克行らと会食。帰り際にシャツとズボンの間に100万円が入った封筒を差し込まれたという。

三原市は案里と争った溝手の地盤。現金の趣旨について天満は「(元三原市長である溝手の)牙城に少しでも食い込むためと思った。不法な金と思った」と述べた。参院選では自身が応援演説をしたほか、天満の後援会が案里の選挙カーを先導するなどして支援した。現金は背広やネクタイ、財布の購入に充てたという。

この日は、広島県議の佐藤一直(46歳)の証人尋問もあった。佐藤は克行から30万円を受領したと認める一方、買収の意図を否定した。

証言によると、佐藤は参院選公示の約2週間前の19年6月17日、克行の要請に応じ、広島市中区の案里の事務所を訪問。克行から案里のポスターなどが入った紙袋を渡された後、30万円入りの封筒を差し出された。断ったが、「(同年春の県議選の)当選祝い」と言われて受け取った。選挙中は案里の演説会で応援弁士を務めた。

佐藤は「紙袋(の中身)を配る活動のお礼、対価と思った」と述べた一方、「選挙違反になるとは思っていなかった。寄付と思った」と主張した。30万円は財布に入れて使い切り、検察の任意聴取を受けた後の20年4月に東京の克行の事務所に同額を現金書留で送ったという。

【克行の第36回公判】(2月3日)

ラグビーW杯観戦に

一連の公判取材では、現金を受け取った議員らの本性が現れる場面に何度も遭遇した。メッキが剝がれ落ちていくようだった。この日も、議員のうそが明るみに出た。

この日、検察側は、克行から30万円を受け取ったとされる尾道市議の杉原孝一郎(78歳)らの供述調書を朗読した。

杉原はこれまで、市議会での説明の場や中国新聞の取材に対して「克行被告に現金を置いて帰られたことに後から気付き、3日後に送り返した」と説明していた。

だが、検察側が読み上げた杉原の供述調書の内容は、「案里が出た参院選の公示翌日の19年7月5日、克行が杉原の自宅を訪問。選挙応援への感謝を述べた後、『これを』と封筒を机の上に置き、押し問答の末に置いて帰った。封筒には30万円が入っていた」というものだった。

その上、この30万円をどうしたか。

「案里さんが当選した後、自己資金と一緒にしてもろもろの支払いに使いました。(19年)9月下旬に妻と東京に行って、ラグビーワールドカップのフランス対アルゼンチン戦を観戦した時に持っていき、食事代などに使いました」という。

「えっ」

傍聴席でメモを取っていた中川は、思わず驚きの声を漏らしそうになった。

これまでの説明と供述調書との食い違いについて、杉原はこの日、自宅で中国新聞の取材に対して「それは調書が違うでしょ」と反論した。だが、供述調書は杉原本人が納得し、署名、押印しているはずだ。この点を問うと、「裁判が結審するまで話はできない。現金を返したことは間違いない。恥じることはない」と話した。

この対応に対して、同僚議員からは説明を求める声が相次いだ。

「調書が事実なら、議会にうその説明をしたことになる」

尾道市議会議長の福原謙二（ふくはらけんじ）（59歳）は語気を強めた。杉原は克行との面会後に現金が入った封筒に気付いたと説明していた。だが、供述調書では「押し問答があった」とあり、杉原が封筒の中身が現金だと察していたことを感じさせる。福原は「封筒を差し出された時点でカネと気付いていたなら、まるで意味が違う。まして、使っていたとなれば重大だ」と述べた。現金の詳しい返却経緯の説明を繰り返し求めていた市議の檀上正光（だんじょうまさみつ）（73歳）は「主張が二転三転し、信用できない。何が真実なのか話してほしい」と求めた。

杉原に続いて検察側は元広島県府中町議の繁政秀子（78歳）の供述調書を朗読した。

それによると、案里の後援会長だった繁政は19年5月14日、広島市中区で克行から30万円入りの封筒を差し出された。断ると、克行は「いいから。（総理大臣の）安倍さんからじゃけえ」と小声で受領を促したという。

繁政は「（党の）トップが配るのは聞いたことがなく、スケールの大きさに動揺した。押し問答も嫌だったので受け取った」などと供述。現金の一部を銀行に預け、残りは使ったという。現金の受領が発覚した後の20年6月29日に町議を辞職している。

【克行の第37回公判】（2月4日）

うそを見破れなかった記者

検察側は、息子を介して克行から30万円を受け取った自民党の広島市議、児玉光禎（こだまみつまさ）（79歳）の供述調書を朗読した。

調書によると、児玉が立候補した市議選中の19年3月31日、克行が選挙事務所を訪問。児玉は不在だったため、息子が対応した。克行は現金入りの封筒を置いて帰ったという。

児玉が帰宅後に開封すると、30万円が入っていた。児玉は「陣中見舞いにしては高額。案里氏を応援してほしいという依頼の意味があると思った。すぐに突き返せば国会議員に失礼。次の衆院選で陣中見舞いで返せばいいと思った」と供述。参院選では案里の応援をせず、30万円はいろいろな支払いに使ったとし、20年3月の検察当局の任意聴取後に同額を現金書留で克行の事務所に送ったという。

前述した通り、公判を取材する中川たちは毎回、ノートに書いたメモをパソコンで打ち直し、証人尋問や供述調書朗読の詳報として中国新聞デジタルに出稿していた。と同時に、本社の取材班の各記者、デスクにメールで送信。取材の参考にしてもらっていた。

取材班の1人、今井裕希は児玉の供述調書の内容を読んで驚いた。これまでの児玉の説明と明らかに異なっていたからだ。

今井が初めて児玉を取材したのは、7カ月前の20年6月26日。訪ねた時には不在で、1時間ほどして児玉が帰ってきた。「暑いから中で話そう」と事務所に入れてくれた。

児玉は「市議選の遊説で不在中に克行が来て、30万円が入った封筒を置いて帰った。その後、克行の事務所へ現金書留で送り返した」と説明。「わしはこういうカネは受け取るべきじゃない、不浄なカネだと思ってすぐに送り返した」と強調した。今井は「無理やりお金を置いて帰られて、事件に巻き込まれるなんて気の毒だな」と思った。児玉の言い分をまとめた記事を書き、朝刊に載せた。

しかし供述調書には「(克行からの現金を）いろいろ支払いに使ったと思う」と書かれていた。返金したのも克行から現金を受け取ってから約1年後のことであり、自分のお金を下ろして同額を返金したというのだ。児玉が今井の取材時に主張していた「もらい事故」とは言いがたいものだった。今井は「お金を使っておいて、どの口が……」とも思った。

しかも児玉は、今井が書いた記事を使って支援者に説明していたという。今井は怒りがこみ上げる一方、うそを見破れなかった自分も惨めに思えた。取材を振り返ると、返金した際の現金書留の送り状の控えを見せることを拒むなど怪しい点はあった。記者になって6年目の今井は、「政治とカネ」に関する政治家取材の難しさを痛感した。

児玉の供述調書の読み上げが終わったことで、河井夫妻から現金を受け取ったとされる広島県内の政治家40人の証人尋問や供述調書朗読が終了した。

40人全員が現金の受領を認めた。現金提供の趣旨については、35人が買収の意図を感じたと証言した。一方で4人は寄付や当選祝いと思ったなどと主張し、買収の意図は感じなかったと述べた。1人は買収の意図を否定しつつも、供述にはあいまいな点が見られた。

【克行の第38回公判】(2月9日)

運動員買収原資の一部は自民党からか

検察側が、案里の選挙事務所の会計担当者の供述調書を朗読。自民党本部が河井夫妻側に提供した1億5千万円の使途の一部が明らかになった。

1億5千万円は参院選前の19年4～6月に党本部から河井夫妻の党支部に入金され、うち1億2千万円は税金が原資の政党交付金だった。

会計担当者は、克行の指示で党本部からの資金を管理する口座を開設。この口座の資金を使い、選挙事務所のスタッフとして活動していた愛知県稲沢市議の野々部尚昭（50歳・参院選当時は落選で浪人中）ら3人に報酬を払ったという。

3人は選挙区内の企業回りや有権者への電話作戦を担当。選挙運動はボランティアが原則だが、克行から計251万円を受け取ったとされる。これは運動員買収に当たる。

自民党本部からの提供資金が買収に使われたとの証言が公判で明らかになったのは初めてだった。

【克行の第41回公判】（2月17日）

口止めをされた

第38回の公判の供述調書で「案里陣営のスタッフとして報酬を受け取った」とされた野々部が出廷。野々部は陣営の事務局長を務め、約96万円を受け取ったとされる。そして、克行から口止めをされたと証言した。

野々部によると、克行が法務大臣を辞任した後の19年12月6日、東京都内の議員宿舎に呼び出され、克行から「取り調べを受けたり、マスコミに追いかけ回されたりしても、何も話さないでくれ」と頼まれた。案里も同席していたという。

野々部は広島修道大時代に友人だった公設第1秘書に頼まれ、案里陣営に参加。同年6月16日頃、克行から「急に来て、物入りだろうから」と10万円が入った白封筒を差し出された。いったんは断ったが、「給料の前払い」と言われて受領。参院選前後の6月28日と7月31日には案里の事務所から給料として各38万3490円、8月1日にも追加で10万円が自身の口座に振り込まれた。

野々部は「給料として支払われたのは違法性を隠すためと思った」と証言した。カネは、スタッフの食事代や自身の生活費に使ったという。

案里と安倍の写真が載った、いわゆる「二連ポスター」も取り上げられた。参院選の公示前から県内各地に貼られていたが、公示後、選挙期間中の掲示は禁止されている。広島県警から剝がすよう注意を受けたが、克行から「ゆっくりゆっくり1枚ずつ剝がせばいい」と言われたと、野々部は証言した。少しでも長く掲示しておく狙いがあったとみられる。

【克行の第42回公判】（2月19日）

別室に呼び込まれ

案里陣営で福山市の事務所の責任者だった男性が出廷し、受け取った60万円の違法性を認めた。日本維新の会の参院議員、鈴木宗男（すずきむねお）（73歳）からの依頼で陣営に加わったという。

男性は鈴木の元秘書で、福山市で会社を経営。河井夫妻との接点はなかったという。証言によると、参院選の3カ月前の19年4月に鈴木から電話があり、案里を支援するよう依頼を受けたため、案里陣営に参加。同市の事務所の責任者となり、当時総理大臣だった安倍の秘書と企業などを回り、支援を求めた。

参院選公示を1カ月後に控えた6月8日、案里を支援していた元広島県議らと同市内の飲食店で会食。途中で別室に呼び込まれ、克行から「いろいろ大変だから」と30万円を渡された。男性は「集票の依頼」と感じて複数回拒んだが、押し返されて受け取った。

さらに選挙中の7月15日、同市内の事務所で克行から30万円を渡された。克行は「経費だから」と説明したという。

男性は「さらなる集票を頑張れということだと思った」と証言した。

この日の公判をもって、河井夫妻から現金を受け取ったとされる広島県内の政治家や後援会員ら計100人の証人尋問や供述調書朗読が終了した。現金の趣旨が焦点となる中、100人のうち94人が買収の意図を感じたと認め、明確に否定したのは4人だった。

克行、5回目の保釈請求

2月24日、克行の弁護人が東京地裁に克行の保釈を請求した。保釈請求は5回目。

3月3日、克行が保釈され、東京拘置所を出た。証人尋問や供述調書の朗読が終了し、東京地裁は克行による証拠隠滅の可能性は低いと判断したとみられる。

【克行の第46回公判】（3月16日）

克行の味方

克行と25年来の親交があるという科学技術振興機構元理事長の沖村憲樹（80歳）が出廷し、証言した。弁護側が情状を訴えるために証人として採用するよう請求していた。

沖村は科学技術庁幹部だった1996年、衆院選で初当選した克行との交流が始まったと説明。克行が科学技術振興や外交で功績を上げたとし「地元の票に直結しないが、国家として進める強い信念がある。国家貢献の意思を貫いてきた」と評した。克行は感極まった様子で目を閉じ、聞き入っていた。

沖村は、科学技術振興事業団の専務理事だった当時、そこの職員だった案里を克行に引き合わせたとも語った。

いよいよ次回公判からは、最大のヤマ場となる被告人質問となる。3月23日から8日間の予定で行なわれる。

沖村の証人尋問があった数日後、東京・永田町では「近く克行が議員辞職を表明するのではないか」との見方が出回り始めた。被告人質問への注目度は一層増していった。

【克行の第47回公判】（3月23日）

被告人質問（1日目）全面無罪主張を撤回

注目の公判は午前10時に開廷した。克行は濃紺のスリーピーススーツに青のネクタイをしていた。胸元には議員バッジ、左手の薬指には結婚指輪が光っていた。若干の証拠調べがあった後、10時35分頃から被告人質問が始まった。

克行は弁護人、検察官、裁判官に一礼をした上で、証言台のいすに座った。この日質問するのは弁護側。主任弁護人の名取俊也（なとりとしや）が質問を始めた。

弁護人「すべて否認で争うとしたが、今はどうか」

克行「裁判長、おはようございます。今日から被告人質問が始まるということで、改めて公訴事実について考えを整理して参りました。私の意見を述べさせてもらいます。まず、妻・河井案里と共謀して選挙買収をしたという点は全く事実と反しますので無罪を主張させていただきます」

弁護人「県議や市議の政治家に現金を渡した事実、後援会員に渡した事実についてはどうか」

克行「後援会の皆さま、地方議員や首長の皆さまにお金を差し上げました。差し上げた相手一人一人にそれぞれ固有の理由、趣旨、事情があります。私自身あからさまに投票依頼を行なったことはございません。その上で、広島選挙区で自民党が2議席を獲得するという党の大方針を実現するため、現職の溝手顕正先生に加え、妻・河井案里の当選を得たいという気持ちが全くなかったとは言えない、否定することはできないと今は考えています。よって一人一人の事情、理由は各論で詳しく説明させていただくが、すべてが選挙買収目的だったということは断じてないが、全般的に選挙買収罪の事実であることは争うことはいたしません。買収罪と事前買収については争うことはいたしません」

克行が直前までの全面無罪主張を撤回し、一転して買収を認めた瞬間だった。傍聴席がざわめいた。弁護人は質問を続けた。

弁護人「思いを変えるに至ったのはなぜか」

克行「多くの証人の皆さまの証言を法廷でじっと毎日聞いて参りました。その中で、私にとっては後援会の皆さまは家族同然。平成2年に県議選に出るため政治活動を始めて30年間。至らぬ私を支え続けてくださった。私は世襲でもなければ官僚出身でもない、家系に大きな資産家を有していたわけではない、どこにでもいる青年でした。そんな私を自分の子どもや孫のようにしてずっとお支え続けてくれたのが後援会の皆さん。その皆さんの法廷で証言されている姿を拝見し、拘置所のバスで独房に戻り、毎日毎日、自問自答を繰り返しました。検察官から十数回の取り調べを受けた人もおり、『本当に河井案里を当選させたいという気持ちは全くなかったのだろうか』と、家族同然の後援会の皆さんが証言する姿を見て毎日、深く自省しました。多くの皆さまにご迷惑をかけ、取り返しのつかない心の傷、中には心身ともに不調を訴えて入院した人もいると側聞しています。そういう話を聞くうちに、自らの内面とまっすぐに向き合い、逃げることなく認めるべきは認めることが、長年にわたりお支えいただいた後援会、支援者の皆さまに対する私なりの政治家としての責任の取り方だと考えるように至りました」

買収を認める決断をした理由として、20年来の親交があった神父からの助言も挙げた。「最終的に神の前で誠実であることが大事。自分の内面に向き合ってください」と言われ、決心したと説明した。

約5時間に及んだ被告人質問。克行は終始落ち着いた様子で、裁判長に語りかけるように弁護人の質問にすらすら答えた。入念な準備をして公判に臨んだことがうかがえた。

唯一答えに詰まったのは、出処進退を問われた場面だった。10秒あまり沈黙し、「衆院議員を辞することとした」と短く返答。「私が責任を負う」と語った。

弁護人が今後の判決を見据え「裁判所から判決、判断をいただくが、今の時点でどう思うか」と問う場面もあった。

克行は「自らが犯した罪であるので、いかなる処罰を下されようともすべてを引き受ける覚悟です」と断言した。


無罪主張から一転、買収を認めて議員辞職を表明した克行に対し、買収目的の現金を受け取った責任を取り、すでに辞職した前首長らからは厳しい意見が相次いだ。最も早く20年4月に辞めた広島県安芸太田町の前町長、小坂真治は「遅きに失し、今さらとの感がある」と切り捨てた。

同年6月に辞職した三原市の前市長、天満祥典は、克行が信念を持って徹底的に闘うと思っていたとしつつ、「多くの有権者に迷惑をかけたのだから、もっと早く結論を出すべきだった」と語気を強めた。

　安芸高田市の前市長、児玉浩は「公判で心境が変わったのか、それとも自民党本部などと話して決めたのか」と、この時期の表明に首をかしげた。「買収の意図を認めたことで、党本部とのやりとりや原資も明らかになるのではないか。すべてを語り、説明責任を果たしてほしい」と促した。

【克行の第48回公判】（3月24日）

被告人質問（2日目）仲間がいなくて孤独だった

　被告人質問の2日目。克行は議員バッジをつけずに入廷した。この日も終日、弁護側が質問。これまでの政治活動を振り返り、地方議員に現金を配った理由について語った。ひときわ熱く語ったのは自民党広島県連での孤独感だった。

　弁護人「自民党県連やご自身の政治的な環境の立場をうかがう。被告人は広島県内で政治的にどんな立場にあったか」

　克行「大学4年生の時、松下幸之助（まつしたこうのすけ）がつくった松下政経塾の門をたたいた。日本の政治をよくしたい、ふるさと広島をよくしたいと思った。先輩議員の勧めで県議選に出て、28歳で当選した。自身の政治家の出発点、経路が影響したかもしれないが、若い時は生意気盛りで『生意気な河井克行』と言われていた。年上の県議、市議にも生意気な言動を、怖いもの知らずでやっていた。若い時の生意気な言動が影響したのかもしれないし、広島で派閥に加わってこなかったことも相まって、特に県議会で仲間がいない。今回の件で逮捕され、東京拘置所の独房で毎日毎日、自らの主義、来し方を振り返り、内面を見つめた。なぜここにいるのかと考え続けた。一つ考えとして得たのは、広島で疎外感、孤独感をずっと心の奥底に持ってきたんだなと深く実感しました」

広島県は自民党の派閥・宏池会の牙城。そのような中、克行は別の派閥に所属。11年に無派閥に転じた。

克行は16年に党県連会長への意欲を示したが、県連内で相手にされず就任がかなわなかったとも強調。県議会議長の経験がある奥原信也に相談したと明かした。19年の参院選前に河井夫妻が計200万円を渡したベテラン県議である。

弁護人「奥原さんからはどんな助言があったか」

克行「一つ目は中央で無派閥だからなあ、という話だった。言外に宏池会に入ることをおっしゃりたかったのかもしれない。二つ目は、地元議員の間で待望論が出てくるようにしないといけない。地方議員を回って汗をかくように諭されました」

弁護人「汗をかくとはどういうことか」

克行「物心両面で支援するということだと思いました。お金を支援することを通じて、人間関係を作っていくこと」

参院選の3カ月前にあった統一地方選で地方議員に現金を配ったのも、県連会長就任への布石とする狙いがあったと説明。「陣中見舞いはお互いの支援のために、ごく一般に行なわれている。絶好な機会になった」と振り返った。

また、広島市議の石橋竜史と谷口修には「氷代・餅代」として現金を渡した際に、領収書の発行を拒まれたこともあると強調。石橋については「両手を合わせて拝みながら『どうか領収書の発行だけはこらえてください』とお願いされました」などと語った。

これまでの公判では、現金を受け取った側の証言を聞くしかなかった克行。「逆襲」を始めたようでもあった。

【克行の第49回公判】(3月26日)

被告人質問(3日目) 全く事実じゃないですね

この日も弁護側の被告人質問。現金受領者の証言を次々と否定した。

案里陣営のスタッフ3人に渡した金銭の趣旨について、克行は合法的な政治活動の対価と主張。運動員買収には当たらず、違法性はないなどと訴えた。

案里の選対については「アメーバのような組織」と表現。責任者が始終変更され、役割分担も明確ではなく、誰が責任を負っているのかも流動的だったと主張した。検察側が克行を総括主宰者だったと主張している点について問われると、「総括主宰者かという評価は、裁判体の考えに従わせていただきたい。適切なご判断をしていただきたい」と話した。

【克行の第50回公判】（3月29日）

被告人質問（4日目）有能な人材への対価

この日は、金融担当相を務めた亀井静香の元公設秘書の男性に計300万円を渡したと認め、「私の広島の事務所長に就いてもらうための支度金。案里の選挙も助けてほしかった」と述べた。

300万円は1人の受領金額としては最高額。亀井を長年支えた元秘書の実績を評価していたとし、「貴重な人材に入ってもらい、私が広島の政界で抱いていた孤独感、疎外感を打ち破りたかった」と説明。300万円は「有能な人材への対価。多過ぎることはない」と述べた。

【克行の第51回公判】（3月31日）

被告人質問（5日目）「逆らえぬ関係」に反論

弁護側が被告人質問を続けた。克行は、現金を受け取った地方議員から「上下関係があり、拒めなかった」との趣旨の証言が続出した点に反論。「逆らえぬ関係」にはなかったと強調した。

弁護人から「逆らうと陳情を聞いてもらえないという証言があったが」と問われると、克行は「聞いていて情けなかったですね。正直に言って」と答えた。

克行は「陳情を妨害された、あの国会議員のせいだ、と地方議員が悪口を言って歩けば、風評被害が広がって次の選挙でどういったことが起こるか……。地方の要望をかえりみなければ、間違いなくしっぺ返しを受ける。自分の首を絞めることを衆院議員が起こそうとする合理性は全くないと思う」と強調。選挙区では豪雨災害が頻発し、案里と被災地を回る日々が続いたとし、「地元の困っていることを解消するために政治家をやってきた。陳情や要望を妨害するなんて、本当に情けない気持ちで証言を聞いていました」と語った。

【克行の第52回公判】（4月5日）

被告人質問（6日目） 政治家引退宣言

6日間にわたった弁護側の被告人質問はこの日が最終日。「買収資金」の捻出元や1億5千万円の使途についての質疑があった。

弁護人「地方議員、後援会員に供与した現金はどこから支出したのか」

克行「すべて私自身の手元にあった資金から支出しました」

弁護人「結構な額だが、どのようにためていたのか」

克行「議員歳費など、長年やっておりますので、そこからためておりました」

検察が総額2901万円としている「ばらまき」の原資について、克行は「自己資金から出した」と説明した。

一方で、河井夫妻が国に提出した19年分（12月末時点）の資産補充報告書によると、夫妻で計4

773万円の借入金があった。検察当局は、翌20年1月に広島市安佐南区にある夫妻の自宅を家宅捜索した際、金庫に大金はなかったとしている。こうした中で3千万円近くを自己資金のみから配れるものだろうか。その資金力の痕跡はうかがえない。

弁護人は、自民党本部が参院選前に河井夫妻に提供した1億5千万円（そのうちの1億2千万円は政党交付金）が買収の原資に使われたのではないかという疑念の声があることを踏まえ、「どう考えているのか」と問うた。

克行「私がずっと言いたかったこと。真実を申し上げたい。（参院選前に）自民党の機関紙『自由民主』の号外を3回発行し、県内の全世帯に配布した。あの1億5千万円は、その印刷費、ポスティング、郵送に要したお金、実費、経費です。それから（案里が代表を務める）自民党広島県参院選挙区第七支部の事務所を広島市中区に開設するに当たっての内装外装のお金、事務所の賃料、人件費、大量に必要だった党勢拡大のための印刷に関する費用、党勢拡大に必要だった看板の製作費や交通費、通信費、号外3回発行以外の郵送費、光熱水道費、そういったことに1億5千万円はすべて完全に使い切りました。買収資金を政党交付金から出す発想は全くないです」

最後に、弁護人から「裁判所に言いたいことはないか」と問われた克行は語り始めた。

「この場は政治家・河井克行の遺言だと最初から心に決めていました。遺言であるなら、すべてを正直にお話ししないといけない義務と責任があると思って、お話ししてきました。これだけ多くの方々にご迷惑をかけ、人生に甚大な影響を与えた。衆院議員を辞するということだけでは贖うことができない。任期満了を迎える次の衆議院選挙に立候補することはいたしません。決して選挙買収がすべての目的ではなかった、多くの主要な部分を占めていたわけではございませんが、一瞬でもそういう思いが私の心の中に浮かんでしまった。私はもはや有権者の皆さんから審判をちょうだいする資格のない人間と考えています。私の生涯にわたって、選挙に立候補することは今後一切いたしません。私なりに今回の件、自らに向き合い、認めるべきは認め、責任を取ってこれから一歩一歩歩んでいこうと考えています。長時間にわたりまして、私の答弁にお耳を傾けていただき、ありがとうございました。自分としてはしっかりと政治家としての遺言を述べることができました。ありがとうございました」

克行は事前に準備していたのだろう。よどみなく答え、言葉には力強さがにじんでいた。この日、初めて政界引退まで明言した。6日間にわたった弁護側の被告人質問の初日に無罪主張を転換させ、最終日に政界引退表明――。弁護側が緻密に仕立て上げた法廷戦略だった。法廷を後にする克行の表情は自信満々に見えた。

【克行の第53回公判】（4月6日）

被告人質問（7日目） あくび

この日から検察側による被告人質問に移った。すらすらと答える克行の姿が印象的だった弁護側の被告人質問とは雰囲気が一変。質問に質問で返すなど、克行は検察官に対する敵意をむき出しにした。

「覚えていない」との返答も目立ち、克行があくびをして、検察官から「眠いか。あくびをしていたが」と指摘される場面も。しびれを切らした裁判長が、検察官に代わって質問したこともあった。

克行が業者に送った、溝手の悪評をブログに書くよう指示するメールを示された際には「これは原因があるんですよ。原因があるから結果があるんですよ」と猛反論。「年も若い案里に対して『1票も与えないように』と溝手先生が発言していた。案里に対して個人攻撃、人格攻撃されて、頭にきたわけですよ。一方的に感情的になってしまった」と釈明した。

地方議員らに現金を渡した目的について、克行はこれまでの弁護側の被告人質問で「案里の当選を得たい気持ちが全くなかったとは言えない」と買収の意図を認める一方、主目的は「仲間づくりだった」などと説明してきた。

しかし検察側はこの日の被告人質問で「実際には案里氏への支援を求める気持ちが一番だったのではないか」と質問。克行は「案里に少しでも有利になればとの気持ちがあったが、主たる目的ではなかった」と重ねて主張した。検察側は、案里の選挙情勢が厳しいため現金を配ったのではないかとも追及したが、克行は「危機感はなかった」と否定。「（落選した溝手と案里の）２人とも当選できると判断したのは自民党本部。情勢については党に聞いてください」と述べた。

【克行の第54回公判】（4月8日）

被告人質問（8日目） 買収リストは「頭の体操」

この日も検察側が被告人質問をした。地方議員や後援会員にばらまいた現金の捻出元を巡るやりとりが最大の見せ場だった。検察官と克行の攻防が続いた。

検察官「関与を否定している第一事実を除いても、政治家や後援会に2700万円以上差し上げたことになる」

克行「第一事実とは」

検察官「案里さんとの共謀のことだ。この資金はどこから捻出したか」

克行「私の手持ちの資金で賄いました」

検察官「どこに保管していたか」

克行「（広島市）安佐南区の自宅の金庫に入れていました」

検察官「金庫に入る前はどこからか」

克行「衆議院の歳費などから賄いました」

検察官「歳費など。他に収入があったのか」

克行「歳費です」

検察官「歳費だけか」

克行「はい」
検察官「いつから」
克行「平成8年に初当選、その前は県議、そういう意味で歳費などと言いました」
検察官「借り入れはしているか」
克行「はい」
検察官「日頃の議員活動のための借り入れは以前からしていたか」
克行「正確には覚えていない」
検察官「借り入れの残高は」
克行「すみません。にわかに覚えていません」
検察官「毎月返済しているか」
克行「しています」
検察官「その中で2700万円を貯金できたのか」
克行「できたから差し上げることができました」
検察官「父親名義の借り入れもあったか」
克行「あった」
検察官「それを加えると、さらに返済額は増えたか」
克行「それもいつもきちんと返済していた」
検察官「（現金を配り始めた）19年3月には金庫にお金はいくらあったか」

克行「覚えていません」
検察官「(19年) 7月の参院選の後は」
克行「覚えていない。ただ、おやじの借り入れについてはおやじも返していた。すべてが私の債務ではない」
検察官「(20年1月に) 自宅を検察が捜査した。その時点では大金はなかった」
克行「押収現場にいたわけではないのでわからない」
検察官「(19年) 3月から7月に金庫のお金を使ってしまったということか」
克行「そうかもしれません」
買収のカネについて克行は、歳費などをためていた自宅の金庫から出したと説明した。しかし、現金を配り始めた19年3月にどれくらいたまっていたかや、借入金の残高を問われると、「覚えていない」と返答。説得力のある答えを返せなかった。

この日も終始、克行の非協力的な姿勢が目立った。「案里の参院選応援を名目にお金を配ったこともあったか」と問う検察官に対して、「名目という言葉に違和感がある」と言い始め、なかなか答えず、裁判長に助けを求める場面も。裁判長は「言葉尻はいいんで、質問に答えて」と突き放した。

議員会館の事務所のパソコンから見つかったリストを見せられ、現金を配布した結果ではないかと問われた克行は「頭の体操をし始めたもの」と回答。リストに書かれた数字と実際の授受金額が一致している点を踏まえ、検察官から「実際に支払った金額を記憶に基づいて記したのではないか」と追及されても「頭の体操です」と繰り返した。
最後は裁判官による質問があった。
裁判官「時期はともかく、広島に戻る気持ちはあるのか」
克行「……（20秒ほどの沈黙が続く）」
裁判官「今の質問の趣旨は、いろんな関係の人に直接的、間接的を問わず、ご迷惑をかけた。そういう方々に伝えていくことは考えているのか。それともまだ考えていないのか、聞きたい」
克行「直接おわびを申し上げないことを考えなかったことは1日もありません。まずは真実、事実をこの裁判で明らかにしていくことです。裁判体のお下しになる結論に従っていきます。その上でおそらく石を投げつけられるとか、罵詈雑言（ばりぞうごん）を浴びせられることがあるかもしれませんが、私にとって一つしかないふるさと。30年間、政治家・河井克行を生んで育んでいただいた広島の皆さまにおわびを言って歩かないといけない。この裁判に臨む間でもずっと考え続けていました」
そして、「東京地裁が今後下す判決に従う」と再び明言した。
8日間にわたる被告人質問は終了した。

コラム②

長期出張エレジー

公判取材を担った中川の東京出張は9回を数え、総日数は約150日間に及んだ。その間、東京では新型コロナウイルスの感染拡大が一向に収束しなかった。出張で持っていくバッグには、消毒用エタノールの小瓶と、滞在日数分以上の不織布マスクを詰め込むのが必須だった。

公判では、裁判官、検察官、弁護人、被告人、傍聴者の全員がマスクを着用した。河井夫妻の表情はマスクで隠れ、うかがいにくかった。傍聴席ではマスク姿の記者が「密」状態でひしめくように座り、緊張感が漂った。せき込んだりくしゃみをしたりすると、にらまれる。せき込みそうになっても、ぐっとこらえた。

法廷の外でも、緊張感は続いた。都内で感染者数が増えるにつれ、官公庁が集まる霞が関でもコロナの脅威が切実に感じられた。裁判所の建物内にある司法記者クラブでは、常に換気を意識し、冬でも窓を開け続けた。それでも感染した記者もいたほか、裁判所職員の感染が発表されたりもした。

日々、出稿作業が終わるのは深夜。ホテルに戻りがてら夜食を取ろうとしても、緊急事態宣言下でどこの飲食店も開いていない。仕方なくコンビニに入ると、弁当の棚は空っぽ。飲食店が午後8時に閉まるので、それ以降に弁当を買い求めるサラリーマンが多いのだろうか。結局、買えるのはパンとおにぎりぐらいだった。少しやさぐれそうになる心を、日々の出稿を終えた充実感で満たしながらホテルの部屋で食べるしかなかった。

幼い子どもと妻を広島に残しての長期出張。わびしいホテル暮らしは続いたものの、一度も感染せずに公判取材を完遂できた。それが何よりだと感じた。

公判取材のために記者が通い詰めた東京地裁

第3部

広島の怒り

第11章／民意の風

再選挙

河井案里は2021年1月に有罪判決を受けると、参院議員を辞職し、控訴も断念。有罪が確定した。案里の当選は無効となり、参院広島選挙区の再選挙が行なわれることが決まった。

投開票日は4月25日。立憲民主党の羽田雄一郎（はたゆういちろう）が死亡した参院長野選挙区、収賄罪で在宅起訴された自民党の元農林水産大臣・吉川貴盛が辞職した衆院北海道2区の両補選と同じ日に有権者の審判を受ける。

自民党のトップは菅義偉。体調不良を理由に安倍晋三が退陣した後、20年9月の総裁選で政調会長の岸田文雄らを下し、安倍を引き継ぐ形で政権運営に当たってきた。新型コロナウイルスへの感染拡大が続く中、就任当初は軒並み60%を超えていた内閣支持率は落ち込み、苦戦が予想されていた。

自民党は長野選挙区には公認候補を擁立したが、情勢は厳しいという。北海道2区に至っては勝ち目がないとして候補を立てず、不戦敗の道を選んだ。一方で、「自民王国」の広島ならば厳しいなりに勝てると踏んで、地元出身の元経済産業省官僚の西田英範（にしたひでのり）（39歳）を擁立。準備を加速させた。

自民党広島県連は、任期途中で辞意を表明した会長の宮沢洋一の後任に岸田を選出。岸田は、参院広島選挙区の再選挙で先頭に立つ決意を示した。指導力を発揮し、秋にある党総裁選での再挑戦へ向けて求心力を高められるか、正念場となる。「再選挙で負ければ、総裁の目がなくなる。背水の陣だ」と、党県連幹部の1人は危機感をあらわにした。

そうした中の3月。克行は裁判で突然「全面無罪主張」を撤回して買収を認め、3月25日に衆院議長宛で議員辞職願を提出。4月1日、衆院本会議で許可され、議員辞職をした。

衆院議員の任期が10月21日に迫っているため、公選法の規定に基づき、克行の後任を選ぶ衆院広島3区の補選は行なわれない。

自民党としては、苦戦が必至の衆院広島3区補選を回避しつつ、参院広島の再選挙で勝つことで「河井夫妻の事件は区切りがついた」と説明できる。そんなシナリオが垣間見える2人の辞職のタイミングだった。

再選挙によって、全国的に再び注目されることになった参院広島選挙区。中国新聞報道センター社会担当は、逆風を受ける自民党がどこまで踏ん張れるかがポイントとみていた。自民党が擁立した西田の担当になったのは河野揚だった。これまで東京支社の記者として河井夫妻の公判取材を担当してきたが、3月1日の定期異動で本社へ転勤。報道センター社会担当の県政チームに配属されていた。

河野は経済担当が長く、県政界での人脈はほぼなかったため、手始めに西田の担当として自民党の県議、国会議員秘書たちにあいさつ回りをした。余裕の表情を浮かべる人が多く、楽観ムードが漂っていた。

だが、西田陣営は課題を抱えていた。河井夫妻からお金を受け取ったとされる県議、広島市議は21年春の時点で各13人の計26人いるが、そのうち自民党所属の議員が各12人の計24人に上る。これらの議員をどう選挙応援に関わらせるか。県連幹部の中で考えが分かれていたという。

県連幹部の1人である県議は、県議会棟の控室でため息をついていた。

「国会議員側にはお金をもらった地方議員は選挙事務所に出入りさせるべきじゃないという意見が出ているらしいが、それはおかしい。お金をもらった地方議員が再選挙に関わることで、自民党の信頼回復が果たせるのに。そんなふうに言われたら、今回の再選挙にあまり関わりたくない」

大規模買収事件の影響が尾を引き、県連は一枚岩になりきれていなかった。

選対の体制にも疑問の声が上がっていた。これまでの参院選では、党県連を中心に選対をつくり、県議がサポートしてきた。それが、県連会長の岸田の事務所が中心になって仕切り、県内の衆院1～7区の各小選挙区の衆院議員たちの事務所がそれぞれの選挙区で西田を支援することになった。これに抵抗を示すかのように、選挙の前も選挙期間中も一度も選挙事務所に出入りするつもりはないと明かす県議もいた。

4月8日の告示日が近づくと、政党や報道機関の情勢調査で西田が劣勢との情報が伝わり始めた。西田陣営の関係者の顔色が変わった。

この時期、中国新聞だけでなく報道各社は「政治とカネ」の問題を取り上げた。その結果、特に地元紙である中国新聞は自民党の県議や国会議員秘書に取材をするたびに「劣勢になっているのは中国新聞が自民党の批判記事ばかり書くからだ」「選挙妨害だ」と八つ当たりされ、西田陣営の情報が徐々に得られなくなっていった。

ある国会議員秘書は「事件を起こしたのは河井夫妻と党本部だ。党県連はクリーンな政治をしている。なぜそれを書かないのか」と不満をぶつけてきた。

党本部と党県連が別であるという理屈は「自民党のコップの中の争い」であり、有権者には理解しにくい。自民党の公認候補である西田が逆風を受けるのは当然だと河野は感じた。一方で、党県連は事件に直接関わった立場ではないため、党本部への恨み節を口にする県連側の気持ちも理解できた。

迎えた告示日の4月8日。参院広島選挙区に新人6人が立候補した。立憲民主、国民民主、社民の野党3党が推薦する諸派新人の宮口治子（45歳）と、公明党が推薦する自民党新人の西田による事実上の一騎打ちだった。

西田は広島市中区の選挙事務所前で出陣式をした。党本部から来援した選挙対策委員長の山口泰明（72歳）は、支持者への謝罪から入った。

「党本部を代表し、2年前から続いた政治の混乱でご迷惑をかけ、深くおわびする」

自民党県連幹部は39歳と若い西田が持つ清新さを前面に出す考えを示した。

年内にある衆院選もにらみ、公明党は出陣式で幹事長の石井啓一（63歳）や地方議員が壇上に並び立ち、全面支援を約束した。自民党県連会長の岸田はこう呼びかけた。

「バラバラになった県民の心を一つにする戦いだ。力を合わせ、厳しい苦しい戦いを勝ち抜く」

参院長野選挙区と衆院北海道2区の両補選と合わせて、「3連敗」を避けたい自民党本部は、連日、閣僚級や党幹部を次々と広島入りさせた。政調会長の下村博文（66歳）、五輪大臣の丸川珠代（50歳）らが応援のマイクを握った。

各陣営の思惑はともかくとして、県民の政治不信は高まっていた。自民党が隠そうとしても、言うまでもなくこの選挙の争点は「政治とカネ」だった。

西田陣営では、選挙戦当初は「政治とカネ」の問題に正面から向き合うことは避けていた。しかし、徐々に「言及すべきだ」いう意見が上がってきた。これを受けて西田は、自民党による1億5

千万円の問題に言及するようになった。

選挙戦中盤の4月15日、広島市西区での街頭演説。西田は「私たちの税金を含む大切な1億5千万円、どう使われたのかわからない。このような不信があるままでは、政治に私たちの思いを届けることができない」と訴えた。1億5千万円について説明責任を果たそうとしない党本部を批判し、自らは清新な政治家として自民党を変えたいとアピールして支持を集めようという戦略に打って出た。

だが、有権者の反応は好転しなかった。この街頭演説でマイクを握った選対本部長の宮沢の言葉が逆風の強さを象徴していた。

「いやーな感じのする選挙戦であります。２００９年の衆院選、政権交代で鳩山内閣ができた。私は落選しました。（西区を含む広島2区の）平口先生も落選、（広島県内の）7つの小選挙区で（当選したのは）岸田文雄先生だけ。できもしない民主党公約、いくら説明してもできると信じた人がいた。後援会は必死になって動いてくれた。残念ながらそこから外へ動きが止まる。今回もそれに近い感覚のある選挙戦であります」

そして迎えた25日の投開票日。37万８６０票を獲得した宮口が、33万６９２４票の西田を下し、初当選を決めた。

落選した西田は、自民党の国会議員や地方議員をはじめとする支持者が集う広島市中区のホテルで深々と頭を下げた。

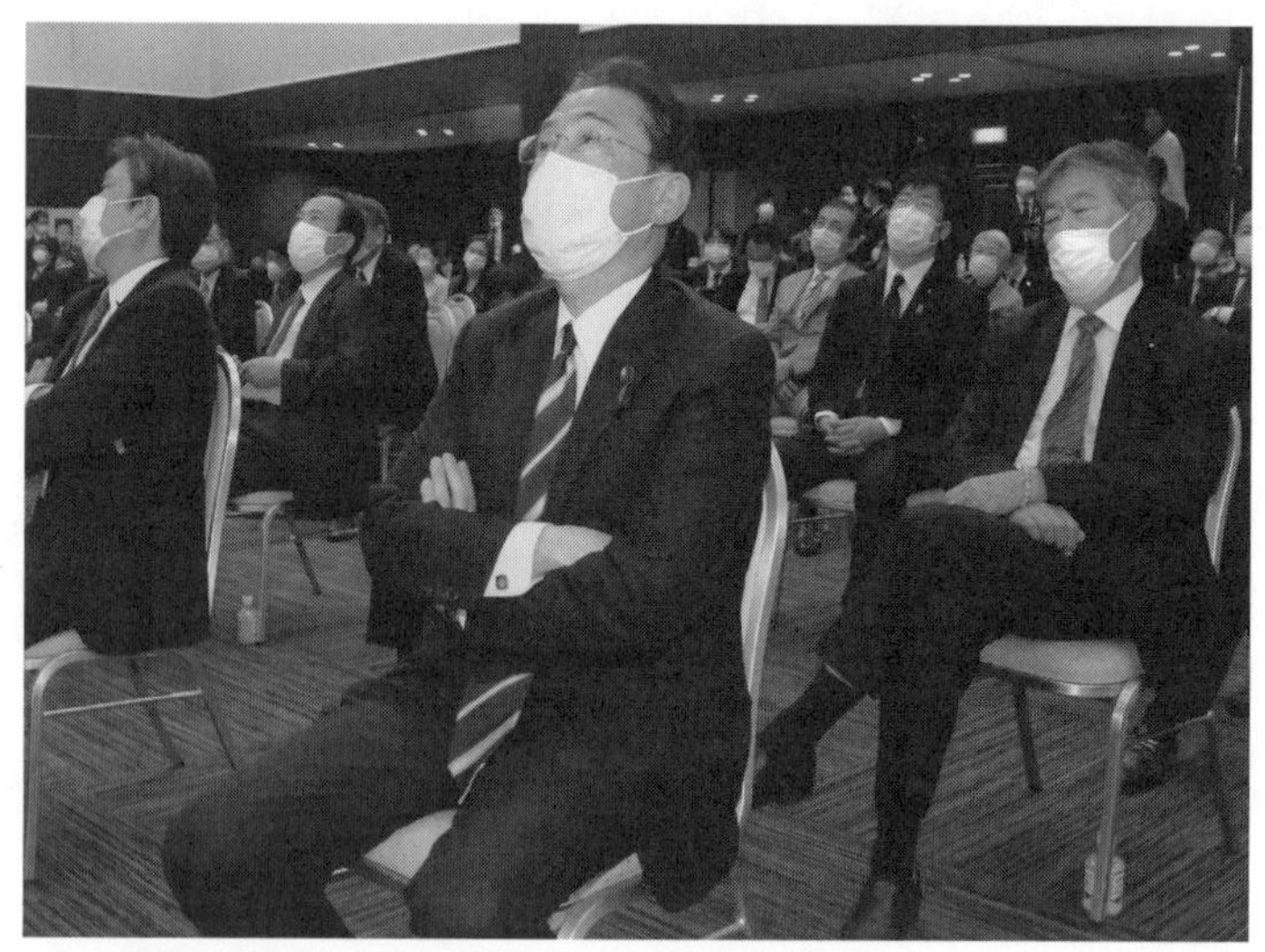

2021年参院広島選挙区の再選挙。岸田文雄が応援する候補が敗れる

県内は自民党の支持基盤が厚く、県議たちは当初、「普通に戦えば勝てる」と自信を見せていた。だが、河井夫妻事件による逆風は予想以上だった。宮沢は「河井事件を発端にした再選挙。最後まで河井夫妻にたたられた」と恨み節を口にした。

総裁選への再挑戦もにらみ、党県連会長として必勝を期していた岸田にとっても痛い敗北だった。『政治とカネ』の問題に、県民の怒りは大変大きいと強く感じた。反省すべき点はいろいろある」と険しい表情を浮かべた。

自民党を勝たせてはいかん

自民党が想定外の敗北を喫した再選挙は、「政治とカネ」の問題に対する有権者の怒りを浮き彫りにした。この民意の風はどこから吹き、われわれに何を突き付けているのか。

「最後まで悩んで投票した」

激戦から一夜明けた4月26日朝、自民党を長年支持してきた広島市安佐北区の70代男性は、野党が推す宮口に投じた思いを明かした。

「いくら清潔さを訴えても、今の自民党は信用できん。反省してもらいたい」

安佐北区は克行が地盤としていた衆院広島3区内にある。男性は衆院選のたびに克行へ投票。19年の参院選では案里のポスター30枚を貼って回った。国政での活躍に期待し、1票は案里に投じた。

案里は初当選を果たしたが、その後、一連の疑惑が発覚。党本部が計1億5千万円もの巨額資金を提供していたこともわかり、男性は憤りを覚えたという。説明責任を果たさない党本部の姿勢にも、納得できないという。

「すべてがうやむや。国民がばかにされとる。今回だけは自民党を勝たせてはいかん」と男性。野党への投票には抵抗があり、無効票となる「白票」も考えたが、あえて宮口に投じた。

有権者はどういう思いで1票を投じたのか。投票者に対する中国新聞社の出口調査では、投票先を決める際に最も重視した政策や争点として、回答者の4割強が「政治とカネ」の問題を挙げ、最も多かった。19年の参院選で案里に投票した人の4割弱が宮口に投票していた。

「どうしても自民党にだけは入れたくなかった。私なりの反省なんです」

衆院広島3区内に住む80代男性も、宮口に1票を入れた。

男性は克行の後援会員で、克行から5万円を受け取った「被買収者」の1人。連日、検察庁から聴取され、選挙には二度と関わらないと決めた。

一方で、同じ「被買収者」の地方議員の多くは辞職せず、一部は今回の再選挙で自民党候補の応援に動いていた。「政治家は本当に反省しとるのか。私には反省しているように思えない」と語気を強めた。

「再選挙で自民党が勝てば、『みそぎ』が済んだことにするだろう。それだけは許せなかった」

森友、加計学園問題を引き合いに「『なかったこと』にされたくない」と強調した。

自民党への逆風が吹き付けた半面、投票率は前回選を11・06ポイント下回る33・61％。同選挙区では過去2番目に低かった。自民党支持者の間では、政治不信で投票自体に行かなかった人も少なからずいた。

東広島市の70代男性はそうした1人。「自民党はおごり過ぎた。事件後の対応もまずい」と苦言を呈する。

1億5千万円や買収原資の問題を念頭に、男性は言い切る。

「再選挙で若い候補だけに謝らせるんじゃなく、安倍さんや菅さんが説明責任を果たさにゃいけん。それまで、わしは応援できん」

戦略ミス

広島県議会議長で、自民党県連では会長代理の要職にある中本隆志は、参院広島選挙区の再選挙を通じて党本部への恨みをさらに募らせていた。投開票翌日の4月26日、議長室に集まった報道陣に、怒気を含んだ声で告げた。

「党本部は広島の温度がわかっていない。県民に申し訳ないという態度を示さなかったのは、本当にマイナスだった」

再選挙で新人の西田を支えた中本。選挙戦では、案里陣営に計1億5千万円の資金を出し、買収事件の原因をつくった疑念が晴れていないのに、十分な説明も謝罪もしない党本部の姿勢に有権者がいかに怒っているか、肌で感じたという。

「事件の影響は、夫妻特有の問題としてかわせる」

再選挙では当初、こんな楽観論が広がっていた。

だが、中国新聞社の電話世論調査でも、出口調査でも、事件を引き起こした最大の要因は「河井夫妻の資質」よりも「党本部が河井夫妻に提供した1億5千万円」にあるとの声が上回った。「県民が疑問に思っていることを、もっと丁寧に説明すればよかった」

西田は落選が決まった25日夜、広島市中区のホテルで反省の弁を述べた。

今回の敗戦について、若手県議の1人は「最初から『政治とカネ』に正面から向き合おうとしなかった陣営の戦略ミスだ」と断じる。別の若手県議は「いつものように総括なしで衆院選を迎えれば、同じ失敗を繰り返す」と危惧する。溝手に続く「2連敗」に、党県連がきしんでいる。

党県連の苦闘をよそに、事件を巡る党本部の当事者意識は薄い。この再選挙の時点で党総裁、そして総理大臣になっていた菅義偉は再選挙の終盤、党県議たちへ「政策ビラを最後の1枚まで配りきってほしい」と記した電報を送ったが、事件への謝罪はなかった。党県議から「わびの一つもない」と反感を買う結果となった。

野党の党首や幹事長がこぞって支援する候補の応援に駆け付けたのに対し、菅や党幹事長の二階俊博は告示後、一度も来なかった。党県連側が来援を拒んだという事情はあるが、ある幹部は「まずはその2人から広島県民に謝らせるべきだった」と嘆いた。

衆院北海道2区、参院長野選挙区の両補選と合わせて、自民党が「3戦全敗」を喫した翌日の26日、二階は東京・永田町の党本部で定例の記者会見に臨んだ。参院広島の再選挙では「政治とカネ」の問題が敗因となったことは認めた。ただ、1億5千万円の資金提供を巡る詳細については、いつも通り踏み込まなかった。

歳費の見直し

河井夫妻の事件は、国会議員の特権をいくつも浮き彫りにした。歳費の問題もその一つ。参院広島選挙区の再選挙でもクローズアップされた。

前述したように、案里は20年6月に公選法違反容疑で逮捕されて以降、勾留が続き、10月末に保釈された後も国会に一度も出席しなかった。一方で、国から歳費などを受け取り続けていた。毎月、給与に当たる歳費103万5200円と文書通信交通滞在費100万円を受け取り、6月と12月には各約300万円の期末手当（ボーナス）の支給を受けた。いずれも国費で賄われ、上限3人の公設秘書の給与も出ていた。

克行も同様である。

しかも、案里の場合、選挙違反で有罪判決が確定して当選が無効になったのに、その間に受け取った歳費などの返還義務はないという。国民からは「なぜ歳費支給をストップできないのか」「当選が無効なのだから、歳費を返還させるべきだ」との不満が高まっていた。

なぜ刑事事件で勾留されて国会に出席できないのに、多額の歳費を受け取り続け、有罪が確定して失職や当選無効になっても、国は歳費などの返還を請求できないのか。

憲法第49条は「両議院の議員は、法律の定めるところにより、国庫から相当額の歳費を受ける」と定める。歳費支給の根拠である歳費法は、議員が退職日まで歳費を受け取ると規定。逮捕、起訴されても、無罪推定の原則があり、辞職しなければ歳費は受けられる。一方で、いったん支給した歳費の返還を求めるための条項はない。公選法が国会議員の寄付行為を禁止しているため、原則として自主返納もできない。明らかに法に不備がある。

これに対して地方議会では、議員が刑事事件の容疑者として逮捕された場合、議員報酬を停止できる条例を設けた例もある。福岡県久留米市議会では、現職市議の逮捕を受けて14年に条例を改正。逮捕された市議の議員報酬と期末手当を停止できるようにし、無罪が確定した場合は停止分の報酬を支払う規定を設けた。同市議会事務局は「逮捕された状態で報酬を受け取るのは市民の納得が得られないと議員が判断した」としている。

広島県大竹市議会も10年、病気療養を続ける市議が複数出たのを機に、長期欠席をした市議の報酬を減額する条例を制定。逮捕などで身柄を拘束された市議の報酬の支払いを停止する条項も設けた。

選挙違反による当選無効は、議員の資格を与えた選挙自体の正当性がなくなることを意味するだけに、現在の公選法などの規定を見直すよう求める声は多い。前出の神戸学院大教授・上脇博之は「逮捕され、保釈後も国会に出席せず、案里氏が国会議員としての責務を果たさなかったのは明らか。今後、同じような事態が起きることも考えられる。有罪が確定した場合、その間に受け取った歳費の返還を求められるよう法改正すべきだ」と求める。

こうした国会議員の特権に対する批判、疑問は、21年4月の参院広島選挙区の再選挙で一気に噴出。自民党が敗れる一因となった。選挙期間中に中国新聞社が広島県内で実施した電話世論調査では、国会議員が逮捕、起訴された場合も国が歳費などを支給している点について、8割以上が「返還させるべきだ」と回答している。

自民、公明両党は同年8月、選挙違反で当選無効になった国会議員の歳費返還を可能にする歳費法改正案の骨子をまとめた。当選無効となった議員は当選時にさかのぼり、歳費の10分の4の国庫返納を義務化。刑事事件で起訴されれば勾留期間の歳費支給を停止し、停止割合は野党と協議して決めることで合意した。今後、国会への提出を目指すという。

改正案の成立はなお見通せないが、有権者の圧力が国会議員に重い腰を上げさせたのは揺るぎない事実だ。

第12章／政権の責任

被買収議員に処分なし

今回の事件は、「昭和の事件」でもないし、広島特有の問題でもない。河井夫妻の属人的な事件でもない。河井夫妻をトカゲのしっぽ切りにして済ませられる問題でもない。

夫妻の公判を追い、事件を掘り下げて取材していく中で、取材班にはある確信に近い思いが湧いてきた。

事件の要因としてあるのは、自民党の根深い金権体質だ。

この体質は河井夫妻だけでなく、ライバルだった溝手陣営にも共通している。現金を受け取った地方議員にも、すぐに返金した議員がいた一方で、遊興費や飲食費、生活費に使った議員も多かった。

広島県には古い体質がまだまだ残っている。同時に、前述した千葉県や群馬県での例を見てわかるように、他県にも同様の問題はある。選挙を含め、政治的な思惑で政治家を味方につけたい時、お金を持っていく慣行、文化は根深いものがある。

2020年9月から始まったキャンペーン報道「決別　金権政治」では、電話や手紙、ファクス、メール、SNSでさまざまな声が読者から寄せられた。取材に役立つ情報のほか、評価や激励の声もいただいた。一方で、「核心を突く報道ができていない」などと苦言、注文も寄せられた。

中でも、起訴されないのをいいことに辞職しない「被買収議員」の追及を求める意見は多かった。


克行らから現金を受領したとされる広島県内の首長、地方議員は40人いる。自民党の県議と広島市議だけで計24人と過半数を占める。40人のうち、辞職してけじめをつけたのは8人だけで、多くが職にとどまっていた。

2021年4月の参院広島選挙区の再選挙の時点で、刑事処分はなされていなかったが、東京地検は市民団体からの告発を受理しており、処分を検討中だった。公選法違反（被買収）の罪で起訴され罰金刑以上が確定すれば、失職する。

この再選挙の投票者に対する中国新聞社の出口調査で、被買収議員の刑事処分がどうあるべきかを尋ねた。「全員を起訴するべきだ」が56・3％、「辞職していない政治家を起訴するべきだ」が19・8％に上るなど、回答者の8割以上が起訴が必要と答えた。

被買収議員にどう向き合うかは、自民党にも問われている。ある自民党市議は「再選挙の前に離党勧告をするなど、党として一定のけじめを見せるべきだったのではないか」と指摘。「このまま何もしなければ、衆院選も同じ結果になりかねない」と懸念する。

再選挙で自民党候補が敗れた4月25日夜。党所属の国会議員や地方議員、支持者たちが集まっていた広島市内のホテルの壇上で、選対本部長を務めた宮沢洋一がマイクを握った。「休んでいるわけにいかない。県連として、党本部としてもしっかり立て直し、秋に向かっていかなければならない」

10月21日の衆院議員の任期満了をにらんで危機感を強調したが、具体策には触れることなく、あいさつを終えた。

1億5千万円の提供、誰が決めた？

被買収議員の問題と並び、読者からの声が多かったのが、自民党本部が河井夫妻に計1億5千万円もの資金を提供した問題だった。真相解明を訴える声が継続して寄せられた。

まずは、これだけの巨額の資金提供を党本部の誰が決定したのかという疑問がいまだに解明されていない。

　この問題が発覚して以降、総理大臣や自民党幹事長の記者会見で、中国新聞東京支社の記者は関連の質問を続けてきた。全国紙が新型コロナウイルス禍の諸課題や政局を意識した質問を続ける中で、冷たい視線を感じることもあったが、愚直に質問を繰り返した。

　幹事長の二階俊博の放言もこうした流れの中で出てきた。質問したのは、21年3月に報道センター社会担当から東京支社へ異動した樋口浩二だった。

　参院広島選挙区の再選挙で敗北した翌月の5月13日、党県連会長の岸田文雄が二階と面会。1億5千万円について国民に明確な説明をするよう申し入れた。その4日後の17日にあった定例記者会見で、樋口は二階に対し今後の対応を質問した。

　樋口「参院選当時の幹事長だった二階さんは（岸田の）申し入れをどう受け止め、どう対応していくのでしょうか」

　二階「1億5千万円が支出されたその当時、私は関係しておりません。ですが、関係してないから関係ないということを言うのではなくて、その事態をはっきりしておくために言っただけのことです。よくご意見を聞いて、今後慎重に対応していきたいと思います」

　樋口は「関係していない」と言い切った二階の発言に驚いた。想定外の回答だった。即座に、幹事長代理の林幹雄（はやしもとお）が背後からいつもの模範回答で割り込んでくる。

　林「1億5千万円に関しては、前々からご報告しているように検察の方から書類がまだ戻っていないものですから、戻り次第報告書を作成して総務省に届けるということになっておりますので、今しばらくお待ち願いたいと思います」
樋口は林の発言に関係なく、二階の発言の真意をただす必要があると考えた。
樋口「1億5千万円の提供当時といいますと、19年の4月から6月にかけてになりますが、『関係ない』とおっしゃったのは、当時幹事長でしたが、どういった意味でしょうか」
二階「1億5千万の問題の支出についてはですね、私は関与していないということを言っているわけです」
到底、納得できる答えではない。さらに尋ねた。
樋口「提供の経緯について、決定したわけではないということですか」
二階「まあ、それはその書類が返ってきてから、それを見て、よく誤りのないようにご報告をすればいいと、こう思っております」
樋口「関与の有無も含めてということでしょうか」
二階「もちろんそうですよ」
再び、林が割って入る。
林「当時、幹事長であったのは事実ですけれども、実質的には当時の選対委員長がこの広島に関しては担当していたわけですから、そういった意味では、細かいことは幹事長はよくわからないということだと思います」
参院選時の選対委員長は甘利明（あまりあきら）（71歳）。林は甘利の関与をほのめかしたことになる。樋口はすぐに会見でのやりとりを記事にし、翌日の紙面には「自民1億5000万円　甘利氏関与」の見出しが躍った。全国紙も同じような報道をした。

その翌日、甘利は記者団に「1ミクロンも関わっていない」と、明確に自らの関与を否定した。図らずも自民党内の「責任逃れ体質」を露呈させることとなり、テレビの情報番組でも盛んに取り上げられた。

結局、翌週の24日に党本部であった記者会見で1億5千万円の支出は「組織決定したもの」と軌道修正され、二階は自身と当時総裁の安倍晋三に最終責任があると言及した。具体的な意思決定の経緯には触れず、事態の収拾を図った格好だった。だが、克行と案里への破格の資金提供の「組織決定」を誰が差配したのか、という疑問は引き続き残った。

安倍の「他人ごと感」

「私は関係していない」と述べた二階の発言を受けて、ある自民党の国会議員は「二階さんからすると（一連の支出の決裁書類に）はんこはついたかもしれんが、『俺が決めたわけじゃない』と言いたいんだろう。黒幕は安倍さんでは」と解説。「安倍さんは克行をかわいがっていたし」と振り返る。

克行は安倍政権で総理大臣補佐官を務め、19年の参院選前後に5回、総理大臣官邸で安倍と単独で面会していた。

1億5千万円の真相を知るキーマンとみられる安倍をどう取材するか。20年9月に突然、体調不良を理由に総理大臣を退いた安倍に対し、公の場で質問する機会はほとんどなかった。だが、樋口は安倍への取材の機会をうかがっていた。

通常国会が終わった直後の21年6月16日午後、衆院内の本会議場から出てきた安倍に質問をぶつけた。「河井夫妻への1億5千万円の件についてですが」と尋ねると、意外にもすぐさま答えが返ってきた。

「ああ、あれね、近々党本部が説明しますから」

――最終責任が幹事長と安倍前総裁にあると二階さんが発言しましたが。

「いきなり言われても答えないから」

――党本部からしかるべき説明が近々ある、ということでよいでしょうか。

「はい。いちいち言わないでくださいよ。私も総理大臣の時に答えてるんだから、ちゃんと。今、党幹部が整理している。(検察が押収した河井夫妻の政党支部の)資料がちゃんと戻ってきたら、皆が納得するように説明すればいい」

――党本部として説明するのですか。

「当たり前じゃない」

――総裁が。

「総裁じゃないよ」

――幹事長が。

「そう。ちゃんと勉強しなきゃ。公選法をちゃんと勉強したの？　私は答えているからね。ちゃんとね」

――公選法はこの数年、いろいろ勉強させてもらいました。

「党の支出とはどういったものなのか、とかね。嫌がらせの質問が一番よくない」

――嫌がらせではありません。

1分あまりのやりとりで安倍の発言やトーンから発せられていたのは、強烈な「他人ごと感」に他ならなかった。参院選当時、自民党総裁として税金が大半を占める巨費を案里陣営に投入したことへの反省など、つゆほども感じられなかった。繰り返すが安倍は、資金提供の前後には総理大臣官邸で頻繁に克行と面会。参院選の公示前から自身の地元秘書団を山口県から広島県に投入し、政財界の関係者を回らせていたのにもかかわらずである。

国会で1億5千万円について追及された20年1月、安倍は選挙時の資金投入について「自民党執行部に任せている」と答弁した。これが「総理大臣の時にちゃんと答えた」ことになるのだろうか。加えて、記者を完全に見下し、「公選法をちゃんと勉強したのか」「嫌がらせの質問が一番よくない」などと言い放つ。この問題のみならず、森友学園や加計学園、「桜を見る会」の各問題など、安倍は自身を取り巻く数多くの「疑惑」に真正面から答えてこなかった。それだけに、樋口も安倍から納得のいく答えが引き出せると踏んでいたわけではなかったが、落胆せずにはいられなかった。この国のリーダーの座に長く座った人物の本質を垣間見た気がした。

ばらまきの原資は政権中枢からか

1億5千万円の問題で最大の焦点は、そのカネが河井夫妻が地方議員らにばらまいた買収の資金に使われたかどうかである。

この疑問に対し、自民党本部は関連の資料が検察当局に押収されていることを理由に具体的な説明をしなかった。

河井夫妻の公判でも解明は期待できなかった。検察当局が立証しようとしていたのは「河井夫妻が買収の意図を持って現金を配ったこと」であり、「そのカネをどう調達したか」は立証の対象から外れていたからだ。

克行は被告人質問で「1億5千万円は買収の資金に使っていない」と強調。買収の資金は自己資金から出したと述べたが、説得力のある説明とは言えなかった。

残る道はただ一つ。自分たちの取材で情報を集めるしかなかった。

取材班にはある「スジ読み」があった。

……1億5千万円のうち1億2千万円は、税金から出ている政党交付金だった。政党交付金は使途を収支報告書に記載し、公開しなければいけない。そんなカネを「ばらまき」に充てるだろうか。むしろ足が付かないカネを使うのではないか……。

取材班は改めて案里陣営の膨大な内部資料を入手し、関係者一人一人に当たっていった。加えて、政党交付金配分の権限を握る自民党の幹事長経験者にも取材し、党内で配分額に差をつける意思決定の過程を探った。複数の自民党関係者にも「政治とカネ」の本音を語ってもらうべく、水面下で接触を進めた。

こうした取材を積み重ねる中で、行き着いた結論があった。

「1億5千万円はばらまきの原資にはなっていない。1億5千万円とは別のカネが克行の下に流れてきて、ばらまきに使われた」というものだ。

克行は公判で買収資金の出どころを問われ、「自宅の金庫にためていた手元の資金」と答えていた。議員歳費をコツコツためてきたと説明した。

しかし、克行がばらまいた現金には、奇妙な共通点があった。現金を受け取ったという地方議員や首長から「新札だった」との証言が相次いでいた。克行から受領した現金について前三原市長の天満祥典は「100万円は帯の付いた状態だった」と法廷で述べた。

克行が述べたように「自宅の金庫にためていた手元の資金」を地方議員にばらまいたのが事実だとしたら、克行は金庫に新札ばかりためていたのだろうか。生活費にも使うはずの歳費の中から長年コツコツためてきたという紙幣が新札というのは、首をかしげざるをえない。多額の借金があったことは前述した通りだ。

「政界には何に使われたかわからないカネがある。官房機密費が使われたのではないか」

元衆院議員で、民主党政権時に法務大臣を務めた弁護士の平岡秀夫(ひらおかひでお)（67歳）はこう推測する。

官房機密費は国の事業を円滑に行なうための経費とされ、官房長官が支出を決定する。使途の明細は公表されず、その実態はベールに包まれている。

中国新聞は官房機密費の関連資料の開示を国に請求し、参院選までの19年1〜7月の支出額を記す「出納管理簿」を入手した。領収書が不要な政策推進費には毎月1億円前後が支出されていたが、具体的な使途は書かれていなかった。

政党にも使途報告が不十分なカネがある。最たる例が政策活動費。政治家個人に提供した場合、その政治家に使途報告の義務はない。

自民党の19年の政治資金収支報告書によると、党幹部18人に計約13億円の政策活動費を支出。うち約10億円は幹事長の二階に渡っていたが、何に使ったかは明らかにされていない。こうした「見えないカネ」が脈々とプールされていても、表に出てくることはない。

自民党の役員経験者は、政策活動費を国政選挙の激戦区に投じることは「往々にしてある」と明かす。

「活動を強化することで当選ラインに乗る可能性があれば、資金を投入する」

つまり、政権中枢の「表に出ないカネ」が河井夫妻に提供され、買収の資金に充てられた疑いがあるということだ。

ここから先の取材は難航を極めることになる。真相を知り得るキーパーソンにも取材を続けているが、核心に触れる部分では必ず固く口を閉ざす。その源流はまだ正確につかめていない。

だが、「決別　金権政治」取材班は1億5千万円とは別のカネが政権中枢から流れていたことに自信を持っている。取材源の秘匿もあり、その根拠を示すことは残念ながらできないが、堅い筋から情報を得ている。買収の資金がどこからもたらされたのか。中国新聞はこれからも取材を続ける。

第13章／克行公判、判決へ

【克行の第55回公判】（２０２１年４月30日）

論告求刑「相当期間の矯正施設内処遇が必須」

大規模買収事件の首謀者とされる河井克行の公判は、いよいよ大詰めを迎えようとしていた。

全面無罪主張から一転、買収を認めた克行だが、「買収は主目的ではない」と繰り返し訴えていた。検察幹部からは「実質的には起訴内容を否認しているような供述だ」との声も聞かれた。検察側がどの程度の求刑をするかに注目が集まっていた。

初公判から8カ月を経て迎えた論告求刑公判。スーツ姿の克行は弁護人7人に囲まれるように座っていた。検察官は論告求刑の書面をまくし立てるように読み上げていく。

「克行被告が犯行全体の首謀者」

「当選7回の現職の衆院議員。最も自制すべき立場だったのに、犯行に及んだ」

「選挙の公正さに対する国民の信頼を失墜させた」……

検察官は語気を強め、事件の悪質性を列挙した。克行はその様子をじっと見つめていた。

克行は全面無罪主張を撤回した理由を「後援会員らが法廷で証言する姿を見て自省した」などと説明したが、検察側は論告で「（地方議員や後援会員が）地位や名誉を失う覚悟で真実を証言したことに直面し、刑事責任を免れるのが困難と悟り、公訴事実を争わない形を採ったにすぎない」と一蹴。「真摯な反省は皆無」と断じた。

議員辞職についても「早晩議員の地位を失うことは必至で、過大に斟酌されるべきではない」と主張。克行が逮捕後に受け取った歳費の一部を日本児童養護施設財団に寄付した点も「刑事責任を少しでも軽くしようとするにすぎない」と切り捨てた。

論告の締めくくりで検察官は「相当期間の矯正施設内処遇が必須」と強調した。案里の求刑の時にはなかったフレーズ。克行の実刑を強く求める検察の姿勢がにじみ出ていた。

「求刑　懲役4年、追徴金150万円を求刑する」

検察官がこう告げると、目を閉じていた克行は眉間にしわを寄せ、厳しい表情を見せた。

公判終了後、弁護人は「なかなか厳しい求刑だった」と漏らした。

【克行の第56回公判】(5月18日)

最終弁論　希望は「地元でのおわび行脚」

この日は弁護側による最終弁論。弁護団7人が交代しながら書面を読み上げた。

地方議員や後援会員ら100人のうち90人に渡した現金について、案里を当選させる目的があったと認めた上で、「主たる目的ではなかった」とも主張。克行が広島の政界で孤立していたとし「仲間づくりや、次期衆院選で自身を支援してもらうためだった」と述べた。

さらに、買収目的の現金を受け取ったと認めている広島県議や市町議らの刑事処分をしていない検察当局の対応を批判し、「公正・公平を欠くのは明らか。量刑判断に十分考慮されるべきだ」と強調。反省し、議員を辞職した点なども訴え、執行猶予付きの判決を求めた。

4時間半あまりの最終弁論に続き、克行が紺色のスーツ姿で証言台の前に立った。冒頭、「一昨年私が行なったことは、いかなる理由があろうとも許されないことでした。心から悔い改め、深い悔悟を抱いております。政治不信を招き、政界を混乱に陥れてしまったことを心からおわび申し上げます」と切り出した。

さらに、後援会と案里へのおわびを述べた後、自民党が参院選前に提供した1億5千万円に言及。声を張り上げ「1円たりとも買収に使わなかったにもかかわらず、いらぬ疑念を招き、自民党に多大なる迷惑をかけたことも心からおわびする」と述べた。古巣の自民党への配慮が色濃くにじんだ。その後、これからの希望として次のように訴えた。

「今の私に、たった一つだけ希望を述べさせていただけるのだとすれば、1日も早く地元に帰りおわび行脚をさせていただきたいということです。一昨年秋からもう1年半以上も地元有権者と顔を合わさず、話を交わしていません。皆さまがどれほどお怒りで、どれほど不安で、どれほど悲しく思っておられるか、毎朝目を覚ましてから夜眠りに就くまで、絶えず思い続けています。全くの善良で無垢な支持者の皆さまを私の行為によって事件に巻き込んでしまいました。皆さまに直接私の言葉でおわびを申し上げ、私に直接お怒りの言葉を投げつけていただくべきだと考えています。皆さまから石礫（いしつぶて）を投げていただくために、私は十字架を背負って地元・広島の地を歩く覚悟です」

「私の立場で希望を述べるなど、身勝手なことであると重々承知しておりますが、どうか、一刻も早くふるさとの土を踏ませていただき、直接に有権者の皆さまに謝罪をさせていただきたいと切に願います。それで納得していただける、理解していただけるとは思っていませんが、せめて、直接私からの説明を聞かないことには、皆さまの中で区切りすらつかないのではないかと考えます。政治家・河井克行としての最後の責任を果たしたいのです」

　陳述を終えた克行は、裁判官、検察官、傍聴席、弁護人の四方に向かっておじぎをした。紆余曲折があった裁判は結審した。

【克行の判決公判】（6月18日）

判決

10カ月に及んだ公判も、判決当日を迎えた。大一番のこの日、広島の中国新聞本社から和多正憲と写真記者の大川万優（おおかわまゆ）（25歳）が応援で東京に入っていた。

2人は朝から都内の克行が住むマンション近くで待機していた。東京支社の記者たちが、それまでの取材で自宅を割り出していた。

判決の開廷時間は午後1時半。克行は毎回、1時間前には車で東京地裁に入る。この場所から東京地裁までの距離と交通状況を頭に浮かべる。

「今回も昼頃に出発するのではないか」

和多はそう踏み、出発前の姿を写真で押さえたいと考えていた。

法廷内での写真撮影は禁止されている。判決当日の克行の姿を報じるには、画家が傍聴席に入り、イラストを描くくらいしか方法はない。法廷の外では雲隠れを続ける元法務大臣の写真を撮影し、読者に伝えることは報道の価値がある。和多は執念を燃やしていた。

ただ、懸念もあった。前日夜に克行方の部屋の下見をした際、窓から明かりが漏れていなかったのだ。

「すでにホテルかどこかに移ったのかも」

一抹の不安を感じていた。

　和多と大川はポロシャツ姿のラフな格好でマンションへの出入りを注視していた。周囲に他社の新聞記者やカメラマンはいない。望遠レンズ付きのカメラは、目立たぬようリュックサックに隠している。大川は入社4年目。本格的な「張り込み」は初めてだった。

　正午過ぎ。克行がマンションの窓から顔をのぞかせた。

「いた！」

　和多と大川は見つからぬように物陰に身を潜めた。大川は呼吸が荒くなるのを感じた。「絶対、私が撮らないといけない」とプレッシャーが増した。

　午後0時半過ぎ。マンション下に迎えの車が到着。紺色のスーツに黒いマスク姿の克行が玄関先に現れた。眉間にしわを寄せ、表情は厳しい。手には大きなボストンバッグ。着替えや生活用品を入れているのだろうか。和多は「実刑判決を覚悟しているのかな」と感じた。隣では大川が夢中でシャッターを切っている。

　克行は撮影に気付かぬまま、車に乗り込んで東京地裁へ向かった。数分の出来事だった。画像を確認する。

「大川、よくやった！」

　和多はそう叫び、大川は笑顔を見せた。紺色のスーツに黒のマスク。判決言い渡し前の生々しい表情が撮れていた。

判決の日。自宅を出て、東京地裁に向かう克行

午後1時25分。東京地裁104号法廷。傍聴席には出張組の和多と中川雅晴、東京支社の境信重が入った。すでに克行は弁護人席に座っていた。自宅を出発した際に黒だったマスクは、白の不織布に替わっていた。

午後1時半に開廷。裁判長の高橋康明に促され、克行は証言台の前に立った。裁判官、検察官、弁護人にそれぞれ一礼。その後は裁判官席をまっすぐ見据え、表情の変化はうかがえない。裁判長が主文を告げた。

「主文、被告人を懲役3年に処する」

克行は小さくうなずく。刑法では、懲役3年以下なら執行猶予が付く可能性がある。執行猶予は一般的に、主文の最後に伝えられる。主文の言い渡しが続いた。

「被告人から金130万円を追徴する。訴訟費用は……」

克行は証言台前に立ったまま。軽く握った右手の指先がそわそわと小刻みに震えていた。その様子を傍聴席から眺めていた和多は「執行猶予を告げられるか、気がかりなのかな」と感じた。

「……主文は以上の通りです」

裁判長がそう告げると、克行は再び深くうなずき、じっと裁判官席を見据えた。指先の動きはぴたりと止まっていた。結局、執行猶予なしの実刑判決で主文の言い渡しは終わった。境は一報を伝えるため、急いで法廷を出た。

続いて判決理由の朗読に入ると、克行は証言台のいすに腰かけた。判決は広島県内の政治家40人を含む100人全員に対する総額2871万円の買収罪の成立を認めた。通常は拘置所での勾留日数を考慮して刑期から差し引くが、こうした「未決勾留日数」も算入されなかった。中川は「厳しい判決。よほど裁判官の心証を悪くしたのだろう」と思った。

判決の読み上げは1時間半あまり続いた。裁判長は①選挙情勢　②現金授受の時期　③授受の規模や範囲　④相手の属性や立場　⑤金額　を個別に検討し、計100人への現金提供を買収と判断したと述べた。現金の提供者や受領者の供述ではなく、客観的な事実から買収罪を認定したとの基準を示した。

判決が買収と認定したカネには、自民党県議の渡辺典子が受け取った10万円も含まれていた。渡辺は証人尋問で「10万円は、克行の自民党支部から後援会への交付金として受け取った。政治資金収支報告書にも記載しており、合法だ」と訴えたが、裁判長は上記の基準に照らして買収罪が成立すると認めた。

刑の重さに関する量刑の判断でも、克行の議員辞職や勾留中に受け取った歳費分の「贖罪寄付」は情状面で全く考慮されていなかった。

「民主主義の根幹である選挙の公正を著しく害する極めて悪質な犯行」

「同種の選挙買収の事案の中でも際立って重い」

裁判長の厳しい言葉が続いた。

午後2時40分過ぎ。判決の朗読が終わると、克行は立ち上がり、再び裁判官と検察官、弁護人、そして傍聴席に一礼。弁護人席に戻ると、すぐに主任弁護人と小声で話し始めた。

裁判長の高橋が弁護人席を見やり、告げた。

「これから収監手続きに入ります」

閉廷を宣言し、報道陣は法廷の外へ。1年前に逮捕された日と同じ6月18日。克行は再び東京拘置所に収容された。

克行は被告人質問で、「一審判決がどういう内容でも受け入れる」と明言していた。しかし閉廷後、弁護人は判決を不服として東京高裁に即日控訴した。判決直後に法廷で小声で話した際に、克行が控訴の意向を示したという。

百日裁判として始まった河井夫妻の公判は、20年7月8日の起訴から346日目に終了した。検察側と河井夫妻側の主張が食い違い、現金をばらまいた動機や現金の出どころは判然としなかったが、19年の参院選で案里を当選させるため、河井夫妻が100人に2871万円をばらまいたという事実が判決によって認定された。

被買収議員、不起訴処分

克行への判決言い渡しから約2週間後の7月6日。克行から買収のカネを受け取ったとされる広島県内の地方議員や後援会員ら計100人について、東京地検は全員を不起訴処分にした。

公選法は被買収者も罪に問うと定める。しかし地検は100人の被買収罪の成立を認定した上で、悪質性が低いなどと判断。99人を起訴猶予、1人を容疑者死亡で不起訴にしたという。

起訴猶予は、犯罪の程度が軽かったり、被害者と示談が成立したりして訴追を必要としないと判断した場合に適用する。起訴権を握る検察庁の裁量で不問に付す制度だ。今回の100人の不起訴について、東京地検の山元裕史（やまもとひろし）次席検事は記者会見を開いて理由を説明した。克行から強引に現金を渡されたり、返金したりしたケースがあった点などを挙げ、「いずれも受動的な立場にあった」と強調した。

記者会見には東京支社の樋口浩二も参加していた。樋口が質問の口火を切った。

「100人を一律不起訴処分ということですが、受け取った金額は5万円から300万円まで差がある。回数も1回から3回。有権者の感覚からすると、到底納得できない処分と思う。理由を説明してほしい」

短気で知られる克行の性格を考えると、無理やり渡されたカネを返しづらかったのは理解できる。一部で事件が表面化する前に返金した人もいた。だが、5万円と300万円の受領者を同列に扱ってよいのか。100人のうち、誰一人として現金授受が発覚する前に捜査機関に通報していなかった。もらったカネを使った人も多い。夫妻の犯罪行為を知りながら隠し通し、選挙戦では案里を応援した政治家もいた。すべて「一律不問」でおとがめなしとすることに、樋口は強い違和感を持っていた。

山元は「本件犯行の性質から河井克行、案里を処罰することが本質。事案の実態を示すには、克行、案里を処罰することがあるべき姿と判断した」と説明した。この事件で責めを負うべきは「巨悪」たる河井夫妻。そう言いたげな発言だった。その上で、被買収者の受領額に幅があり、返金したり、議員辞職といった社会的制裁を受けたりした人もいた点に触れ、「一部を起訴して、一部を起訴しないという選別をするのは証拠に照らして困難であり、適切ではない」と言い切った。

樋口はもう一つの重要な点をただした。

「公職にとどまっている人もいる。政治家としてどうすべきか。選挙の前にお金を受け取っても何も刑事処分がないという風潮が広島のみならず全国に広がりかねない側面は免れない。有権者に与える影響をどう考えるか」

山元は「今回の不起訴は起訴猶予処分。犯罪は成立していると判断している」と強調。「犯罪には該当するが、起訴は猶予するということ。そこは正確に受け取ってもらいたい」と理解を求めた。

100人のうち40人は参院選当時、広島県内の県議や市町議、首長だった。大半が30万円から50万円を受領。14人は複数回受け取り、うち2人の受領額は200万円と150万円に上った。5万円から10万円が多い後援会員らと比べ、高額ぶりが際立つ。旅行やパチンコ、飲食代、生活費などに使った議員も多い。

にもかかわらず、この40人のうち、辞職してけじめをつけたのは8人だけだ。起訴されていないことを職にとどまる理由に挙げる議員も多い。検察の「一律不起訴」が政治不信に拍車をかけると樋口は懸念した。

記者会見は1時間近くに及んだ。次席検事の山元は丁寧な話しぶりで説明を続けたが、樋口には納得できない部分が多く、釈然としない思いだけが残った。

「これまでは数万円の被買収でも略式起訴で罰金刑としてきた。過去の処分基準と比べてもおかしい。法の下の平等の観点からも、今後は同種事件で起訴できなくなる」

広島地検特別刑事部長などを務めた弁護士の郷原信郎(ごうはらのぶお)は指摘する。「元法務大臣という政権中枢の捜査を優先し、河井夫妻を狙い撃ちしたのでは」とみる。

郷原の見立てはこうだ。河井夫妻の有罪判決を勝ち取るには、カネを受け取った側の地方議員が「買収の意図のあるカネと知りながら受け取った」と証言する必要がある。それは地方議員が自身の被買収罪を認めることを意味する。

議員が被買収罪で起訴か略式起訴されて罰金刑以上が確定すれば失職となるだけに、「買収の意図は感じなかった」「政治資金の寄付と思った」などと否認する議員が出てくることが予想される。だからこそ、捜査段階で被買収側は訴追しないことをにおわせて、検察の意図に沿う供述に誘導した。

実際、検察の任意聴取を受けた広島県議や広島市議は「先生には政治家を続けてもらいたい」「本丸は東京」などと言われていたという。

この一律不起訴は今後の捜査にも悪影響を及ぼしかねない。広島県警の幹部は「買収側が国会議員なら、カネを受け取っても不起訴というあしき前例になる」と懸念する。

検察審査会に申し立て

東京地検の不起訴に対し、現金を受領した100人を告発していた市民団体「河井疑惑をただす会」は、不起訴を不服として検察審査会（検審）に審査を申し立てる方針を示した。

検審は、検察の起訴権行使に国民の良識を反映させるための制度である。20歳以上の有権者からくじで選ばれた11人が審査員となり、検察が下した不起訴の判断が妥当かどうかを非公開で審査する。「起訴相当」か「不起訴不当」を議決すれば、地検は再捜査し、改めて起訴か不起訴かを決める。「起訴相当」の議決の場合は、検察が再捜査した後に再び不起訴としても、その後に検審が「起訴議決」をすれば、容疑者は強制的に起訴される。

東京地検が不起訴とした事件を巡っては、最近では、秘書が有権者に香典を渡したとして公選法違反罪に問われた元経済産業大臣の菅原一秀、賭けマージャン問題で賭博罪に問われた東京高検の元検事長黒川弘務（くろかわひろむ）に対し、検審が相次いで「起訴相当」と議決した。この検審議決を受けて地検が再捜査し、いずれも略式起訴した。最終的に両者ともに罰金刑となった。

市民感覚とのずれが目立つ検察の判断。ある幹部は「今回も起訴相当で戻ってくる可能性は高い。この問題は、まだまだ終わりそうにない」と打ち明けた。

検察取材を続けてきた中川も「一律不起訴」に納得できなかった。

河井夫妻を巡る事件の取材を続ける中で、現場で接したり法廷で垣間見たりする検察官の仕事ぶりや、「最強の捜査機関」と称される東京地検特捜部の隙のない捜査に感嘆することも多かった。だが、そうした印象は「河井夫妻の摘発」を軸に考えた場合の話だ。より広い視点から事件を見た時、印象は大きく異なる。

本事件の「巨悪」たる河井夫妻を処罰するために、広島政界への処罰には目をつむった。しかしそれは、あしき慣習を広島に温存させ、県民の政治不信をさらに高めてしまった。それが広い視野で考えた時に、良かったのかどうか。地方政治を「どうなってもよいもの」として軽視しているだけではないのか。

そもそも河井夫妻は巨悪なのか。もっと背後に本当の巨悪が存在してはいないのか。それに検察は目をつむっていないのか。

中川の疑問は膨らむ一方だった。

自浄能力なき議会

デスクの荒木紀貴は、議会の自浄能力が発揮されないことが気になっていた。中でも、県議会の対応には疑問を感じていた。

県議会では、過去の知事選を巡る買収疑惑を教訓に07年に政治倫理条例を制定した。しかし、今回の大規模買収事件でこの条例に基づく審査会を設置したのは21年3月。現金授受疑惑が表面化して1年近く経過してからだった。審査を請求したのは非自民系の2会派で、最大勢力の自民党の動きは最後まで鈍かった。

5月に審査会が開かれ、自民党の県議ら13人が現金を受け取った当時の状況などを説明した。ただ、用意した説明文を読み上げる県議が多く、セレモニーのようだった。

審査会は9月、13人の行動が、条例が禁じる「公正を疑われるような金品の授受」に当たるとし、一律で文書警告の措置にするべきだとの報告書を決定した。最も重い措置である辞職勧告は見送った。審査会の報告書を受けて、県議会はこの13人に対し、中本隆志議長名で「今後かかることのないよう厳重に注意する」と警告する文書を郵送した。

河井夫妻への有罪判決で13人が受け取った現金は「買収のカネ」と認められている。東京地検は被買収者を不起訴にしたが、それは起訴猶予であり、公選法違反（被買収）に当たると認定している。13人のうち11人は河井夫妻の公判に証人として出廷し、受け取った現金の違法性を認める証言をした。被買収という罪を犯したことを法廷で認めている。

これだけの事実がありながら辞職勧告を求めなかった審査会の結論に、どれだけの県民が納得するだろうか。県民の代表として県議会の議員として職にとどまる正当性があるのだろうか。審査会は、県民の信頼を取り戻すどころか、政治不信を増幅させてはいないか。

刑事責任とは別に、政治家としての政治責任があるはずだ。あしき慣習を断ち切る方策が、刑事処分頼みであっていいのか。県議会は今度こそ、自らの力で県民の信頼を取り戻すための行動を起こさなければならない。かつての知事選疑惑の時に追及しきれなかった反省があるからこそ、荒木は強く求めたいと考えている。

県議会の審査会が終了する約1カ月前の7月30日。現金受領者100人の告発者である「河井疑惑をただす会」は東京地検の不起訴処分を不服として、検審へ申立書を発送した。東京の第6検審が8月2日、申立書を受理した。100人の不起訴処分が妥当かどうか。無作為で選ばれた市民によって審査される。

エピローグ

「岸田総理は誰の声を聞くのか」

2021年9月3日、日本列島に激震が走った。総理大臣の菅義偉が、自民党総裁選に立候補せず、退陣する意向を表明した。新型コロナウイルス対策などに対して批判が高まる中、党内で求心力を急速に失い、退陣へと追い込まれた。

総裁選への再挑戦を目指していた岸田文雄は、先行して果敢な動きを見せていた。菅の退陣表明よりも前に名乗りを上げると、「党改革を進める」とアピール。党役員の任期を1期1年、連続3期までに限ると訴えた。幹事長在職が5年を超える二階俊博の続投を阻む狙いと受け止められ、「岸田は一皮むけた」との評が広がった。1年前の総裁選や4月の参院広島選挙区の再選挙で見せた「勝負弱さ」は影を潜めた。

ただ、党内に影響力を持つ前総理大臣、安倍晋三の影もちらついた。安倍政権の負の遺産である森友学園問題の再調査に前向きと受け取れる発言をした直後、その打ち消しに追われたからだ。その姿に「安倍への忖度」との指摘が相次いだ。

総裁選は17日に告示され、岸田のほか、行政改革担当大臣の河野太郎（58歳）、前総務大臣の高市早苗（60歳）、党幹事長代行の野田聖子（61歳）が立候補。世論調査で人気の高い河野を、岸田が追う図式で報道された。

選挙戦中盤の22日、自民党が突然、党本部で記者会見を開き、河井夫妻に提供した1億5千万円の使途を発表した。機関紙や政策チラシの作成、配布費などに充てられたとし、「買収資金になっていない」と強調した。

しかし、これだけの巨額資金の投入を党本部が決めた経緯についての説明はなかった。弁護人を通じて河井夫妻から調査結果の報告を受け、党本部はそのまま発表したという。記者会見をしたのは幹事長代理の柴山昌彦（55歳）。1億5千万円の決裁責任者だった二階は姿を見せなかった。

党本部の説明に対し、広島では身内から批判の声が上がった。

「弁護士の説明をうのみにして、一銭も買収に使っていないと言っても、証拠はどこにもない。1億5千万円が買収の動機になったことは間違いない」

自民党広島県連の会長代理で県議会議長の中本隆志は語気を強め、「余計に不信感を抱く。ほんと県民をばかにしている」とこき下ろした。

総裁選は29日に投開票された。派閥の支持などを背景に国会議員票で勝る岸田が、党員、党友の地方票で強みを持つ河野を抑え、1票差でトップの票を得た。だが過半数には届かず、河野との決選投票に持ち込まれた。その結果、高市の支持票を取り込んだ岸田が大差で制し、総裁の座を手にした。

あいさつに立った岸田は「多くの国民が『政治に国民の声が届かない』『政治が信じられない』と切実な声を上げていた。強い危機感を感じ立候補した」と声を張り上げた。「岸田文雄の特技は、人の話をしっかり聞くこと。開かれた自民党、明るい日本の未来を目指して努力する覚悟だ」と約束した。

その後、党本部で新総裁として初めての記者会見があった。総裁選では「聞く力」「開かれた自民党」をアピールしたが、会見時間は30分に限られた。「1億5千万円について党が主体的な調査をしていない。妥当だと思うか」と問う記者に対し、岸田は「必要なら説明する」と言うにとどまり、真正面からの答えはなかった。

岸田は10月4日、総理大臣に選出された。11日に衆院で代表質問があり、舌鋒の鋭さで知られる立憲民主党副代表の辻元清美（61歳）が「総理のお膝元からのろしが上がっている。1億5千万円の再調査はするのか」と問うた。岸田は、買収の資金になっていないとする自民党本部の発表を「総裁として了（了承）とした」と答え、再調査に否定的な考えを示した。

衆院は14日に解散された。

19日に衆院選が公示され、選挙戦がスタートした。

克行が当選を重ねてきた広島3区では、自民党は候補者擁立を見送り、「与党統一候補」として公明党の元環境大臣、斉藤鉄夫（69歳）が立候補した。岸田は斉藤を国土交通大臣として入閣させていた。斉藤への拒否反応を示す自民党支持者もいる中、自民党広島県連の幹部は業界団体に電話を繰り返し、「国交大臣を落選させたら岸田内閣に影響が出る」と引き締めを図った。

この日、驚きのニュースが飛び込んできた。懲役3年、追徴金130万円の東京地裁判決を不服として東京高裁に控訴していた克行が、控訴を取り下げる意向だという。

「なぜ、このタイミングなのか」

広島では突然の翻意をいぶかる声が相次いだ。

衆院選では新型コロナや経済対策、外交などさまざまな課題が問われた。自民党政権による負の遺産である森友学園や「桜を見る会」の問題と並び、河井夫妻事件も争点になった。克行の元陣営関係者は「『政治とカネ』の問題で古巣の自民党に迷惑をかけないよう、白旗をあげたのかも」と語った。克行は21日に正式に控訴を取り下げ、実刑判決が確定した。

中国新聞社が選挙期間中に広島県内の有権者に聞いた電話世論調査では、1億5千万円に関する自民党本部の対応について「さらなる説明が必要」との回答が5割を超えた。

31日の投開票日。広島3区では斉藤が立憲民主党の新人らを下して当選した。「政治とカネ」への不信感は依然として強いものの、「広島選出の総理大臣を応援しよう」という追い風が吹いていた。

全国では自民党が259議席を得て単独過半数を確保し、岸田政権の継続を確実にした。一方で選挙前と比べると17議席減らし、野党候補と接戦となる選挙区が目立った。高揚感なき勝利だった。

衝撃が走ったのは、16年に発覚した金銭授受問題で説明責任を果たしていないと批判を受けていた自民党幹事長、甘利明の小選挙区での落選。神奈川13区で立憲民主党新人に異例の敗北を喫し、直後に幹事長を辞任した。「政治とカネ」の問題に対する有権者の不信と怒りが、改めて浮き彫りになった。

前代未聞の「ばらまき」から2年あまり。

執行猶予付きの有罪判決が確定した案里が広島に戻り、一連の事件について有権者に説明したという話は聞かない。実刑が確定した克行は刑に服しているとみられる。

他方、河井夫妻がばらまいた現金がどこから出たものなのかは、今もはっきりしていない。自民党中枢の関与があったかどうかも判然としない。

繰り返すが、岸田は衆院広島1区選出。河井夫妻の事件がもたらした政治不信を肌身で知る。トップリーダーとしてどう指導力を発揮し、国民の信頼を取り戻すのか。問われるのは成果だ。

おわりに
「事件はまだ終わっていない」

中国新聞「決別　金権政治」取材班
荒木紀貴

中国新聞社では3月と8月に定期異動がある。その際には報道センター社会担当の中でも各記者の担当替えがある。

克行への判決が言い渡され、大規模買収事件の取材が一つの区切りを迎えた2021年8月1日。専従で取材に当たってきた野田、和多、中川、今井の4記者は、それぞれ別のチームに配置された。デスクの私も別の担当に変わった。専従の記者、デスクはいなくなった。だが、それは「政治とカネ」を追う記者がいなくなったことを意味するわけではない。

事件関連の動きは続いている。被買収者とされる100人の一律不起訴が妥当かどうかを審査する検察審査会の行方から目が離せない。「被買収議員」を抱えた各議会の動向もチェックしなければならない。永田町では自民党の1億5千万円提供の問題や、国会議員の歳費返還を巡る法改正の動きがある。買収の抜け道となっている政治資金規正法の改正を含め、課題は山積だ。

「事件はまだ終わっていない」

この問題意識は中国新聞社の社内で共有されている。それぞれの持ち場で課題を追い、必要に応じてチームの枠を超えて機動的に取材し、読者の期待に応える記事を書いていく。

最後になるが、キャンペーン報道「決別　金権政治」に対して絶えず叱咤激励の声を寄せてくださった読者の皆さまに、心からの感謝の気持ちを伝えたい。

「あしき慣習を根本から断ち切るべきだ」

「自民党本部の問題も追及を」

その声を力として、記者たちは事実を一つ一つ積み上げ、前へ前へと取材を進めることができた。

また、前代未聞の大規模買収事件の教訓を後世に伝えるために書籍として出版するべきだと熱心に提案し、的確な助言で編集作業をリードしてくださった集英社学芸編集部の長谷川順さんに厚くお礼を申し上げたい。

「決別　金権政治」はまだまだ道半ば。中国新聞は「政治とカネ」の問題を今後も追い続ける。

２０２１年11月

本書は中国新聞の掲載記事とキャンペーン連載
「決別 金権政治」（２０２０年9月26日〜）をもとに、
加筆して構成したものです。

装丁&本文デザイン／國吉 卓
写真／中国新聞社

中国新聞「決別 金権政治」取材班

中国新聞報道センター社会担当の記者を中心にした取材チーム。
河井夫妻大規模買収事件や金権政治の問題について、
広島県内のみならず全国各地で取材し、キャンペーン報道を続けた。

ばらまき
河井夫妻大規模買収事件 全記録

2021年12月20日　第1刷発行
2022年 3 月19日　第4刷発行

著　者　中国新聞「決別 金権政治」取材班
発行者　樋口尚也
発行所　株式会社 集英社
〒101-8050 東京都千代田区一ツ橋 2-5-10
電話　編集部 03-3230-6141
読者係 03-3230-6080
販売部 03-3230-6393（書店専用）
印刷所　凸版印刷株式会社
製本所　株式会社ブックアート

ISBN978-4-08-781713-3 C0095